そのまま使える！

公務員の
文書・資料
サンプルBOOK

秋田将人［著］
Akita Masato

JN039413

学陽書房

「この資料は、結局、何が言いたいの？」
「1回読んだだけでは、理解できない文書だね」

　職場での検討資料、予算要求資料、住民への周知文書、議会での委員会資料等を作成して、上司からこう言われたことはありませんか？
　ダメ出しを受けるたびに、どう書けばいいかわからなくなってしまう。
　学ぼうとしても、自治体では、起案文書や例規・要綱など、公文規程等に定められているような正式な文書の研修はあるものの、先のような実務で扱う文書・資料に関する研修はほとんど行われていません。
　そのため、**自己流で作成し続けるものの、毎回上司からＯＫがもらえない**。公務員の仕事は「文書に始まり、文書に終わる」と言われ、文書・資料作成を避けて通ることはできない。どうすればいいのか——。

　私も、かつてはこうした悩みを抱える一人でした。しかし、あるときに気づいたのです。職場には、上司を含め、資料作成が上手な職員がいます。そうした職員が作成した**優れた文書・資料を研究し、ポイントを押さえて真似することこそ、資料作成を上達させる近道**だということに。
　そこで本書は、私がこれまで多数の資料作成の達人ともいえる上司・先輩から学んだことをもとに作成した、文書・資料のサンプルをお示しすることで、文書・資料作成の極意をお伝えします。
　本書の具体的な特長は、次のとおりです。

特長❶ 様々な場面で実際に活用できる文書・資料を収録！

　職場向け、上司向け、議会向けなど、自治体職員であれば、必ず一度は作成すると思われる文書・資料を数多く集めました。**予算要求資料といった定番から、ややマニアックな職場向け資料まで、まさに「そのまま使える！」**ことを意識しています。

特長❷ 新人職員から管理職まであらゆる職層に対応！

　文書・資料の作成は、新人職員から管理職まで、どの職層でも必須です。課長であれば、議員からの要求に応じて資料を作成しますし、新人職員であれば、職場での検討資料を命じられることがあります。このため、文書・資料を作成する自治体職員すべてを対象にするとともに、職層による視点の違いなどにも触れています。

特長❸ 文書・資料作成のポイントを明快に整理・解説！

　全項目を２ページ見開き構成とし、左ページに作成にあたっての解説を、右ページに実際の文書・資料のサンプルを掲載しています。**サンプルをただ掲げるだけでなく、具体的なポイントも明示し、言うならば、先輩が後輩に実際に職場で教えるような構成**となっています。

　前著『見やすい！伝わる！　公務員の文書・資料のつくり方』では、資料作成の基礎・基本を整理・解説しました。幸いご好評をいただき、ロングセラーとなりましたが、「もっと様々な資料の実例を知りたい」とのご感想をいただいたこともあり、文書・資料のサンプル集としてまとめたのが本書です。

　すでに述べたとおり、本書に収めたような文書・資料に関する研修はほとんど行われておらず、前著も限られたサンプルを掲載したものです。

　つまり、**実務で即使える文書・資料を収録した書籍は本書のみ**です。

　文書・資料の作成方法に「唯一の正解」はありません。しかし、「わかりやすい文書・資料」には必ず共通の特長があります。ぜひ、皆さんも本書によって、自分なりの文書・資料の作成方法を完成させてください。

　そうすれば、**上司や住民からも喜ばれる文書・資料を作成でき、これまで以上に効率的に業務を進めることができる**はずです。

　本書が、少しでも皆さんの業務の一助になれば、著者としてこれほどうれしいことはありません。

秋田将人

最短で「OK」を引き出す
第3章 上司向け資料のサンプル

ロジカルに説明・説得できる
第4章 庁内向け資料のサンプル

ポイントが明快に伝わる

第5章 住民向け資料のサンプル

事実を適切・的確に示せる

第6章 議会向け資料のサンプル

第1章

読み手に伝わる

資料作成の鉄則

資料の目的を明確にする

> **POINT** 読み手が作成者の意図を一読して理解できるようにする

◎読み手に「何をしてほしいのか」を明確にする

　資料を作成する際は、まず目的を考えることから始めます。目的とは、「誰に、何を伝え、どうしてほしいのか」です。

　例えば、保育園で発生した事故について資料を作成するケースを考えてみましょう。上司に報告する場合、まずは「事故によって園児や保育士に被害があったのか」「どのような経緯で事故は発生したのか」「事故の原因は何か」などをまとめることになります。

　つまり、目的は、「上司に事故の概要・原因を伝え、それらを理解してもらうと同時に、今後の対応策を指示してもらうこと」です。

　これらの資料の目的が明確になっていないと、資料を渡された上司は、「だから、何？」「どうしてほしいの？」と考えてしまいます。

◎相手によって伝える内容も変わる

　同じ事故について、保護者向けに資料を作成する場合はどうでしょう。

　この場合、被害状況、事故の経緯・原因などは同じでも、「事故によって保育園休園などの支障はあるのか」「園児の活動に制限があるのか」「再発防止策は何か」など、伝える内容が少し変わってきます。

　読み手が上司から保護者に変わるため、伝える内容も変わり、「保護者に理解してもらうこと」が主眼になるのです。

　このように、資料を書き始める前に、「誰に、何を伝え、どうしてほしいのか」を忘れずに考えるようにしましょう。

目的＝読み手に資料の意図を理解してもらうこと

〈住民説明会の案内資料〉

目　的	住民説明会の開催を通知する
読み手	住　民
してほしいこと	住民説明会に参加してもらう

市役所周辺整備説明会のお知らせ

　今後、○○市では、市役所を含めた周辺の整備を進めてまいります。

　利用しやすい市役所の整備に向けて、基本構想の内容をご理解いただき、住民の皆様のご意見をいただきたいと考えております。

　つきましては、現在の進捗状況等も併せ、説明会を開催いたしますので、多くの皆様にご参加いただきますようお知らせいたします。

読み手によって内容も変わる

〈「保育料の値上げに関する資料」の場合〉

上司が読み手の場合	保護者が読み手の場合
◎保育園運営経費 ◎保護者負担の割合 ◎他自治体との比較 など	◎保育料の推移 ◎滞納状況　など ⇒　これらがあったほうが 　　説得力の高い資料になる

1-2 ［作成手順］
逆算してスケジュールを立てる

POINT 着手から完成までの各工程をイメージする

◎時間に余裕を持ち、やり直しも見据えて予定を組む

　資料は、どんなものでも期日までに作成することが求められます。

　そこで、例えば、予算要求資料であれば、提出締切日→課長への説明・了承→係長への説明・了承……と逆算してから資料作成に着手します。一度で課長や係長の了承を得られない場合もあるため、作成し直す時間も考慮することが大切です。

◎スピードを意識し、途中で方向性を確認する

　資料は、できるだけ短時間で作成しましょう。

　資料作成は、あくまで手段であり、目的ではありません。時間をかけて凝った資料を作成するのは自己満足。大切なのは、1回で完璧な資料を作ろうと思わないこと。上司に確認せずに進め、締切間際に提出し、やり直しを命じられたら、時間がなく取り返しがつきません。

　できるだけ早目に、大まかな内容ができたところで上司に見せておきましょう。その時点で方向性を合意できれば、後は細部を詰めればよいので、大きなズレは生じません。上司も、進捗状況がわかり、安心できます。

　なお、資料ができたら、まずは自分の目でもう一度全体を見直した上で、近くの人に見てもらいます。第三者の目で資料を見てもらうことで、自分では気が付かなかった不備を指摘してくれるからです。ただし、指摘をすべて受け入れる必要はありません。資料作成に正解はありません。自分が修正すべきと思った点のみ、修正すればよいでしょう。

スケジュールは逆算して考える

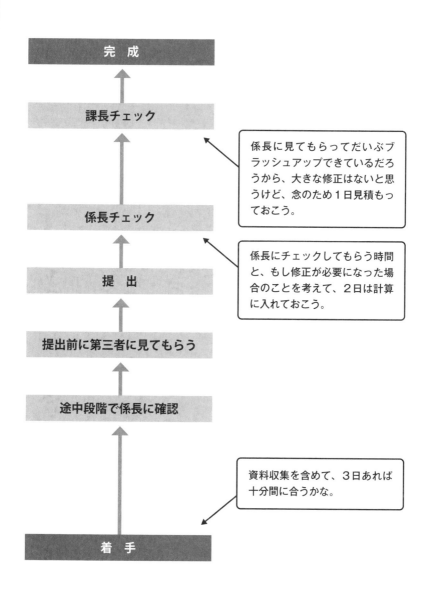

完成

↑

課長チェック

↑

係長に見てもらってだいぶブラッシュアップできているだろうから、大きな修正はないと思うけど、念のため1日見積もっておこう。

係長チェック

↑

係長にチェックしてもらう時間と、もし修正が必要になった場合のことを考えて、2日は計算に入れておこう。

提　出

↑

提出前に第三者に見てもらう

↑

途中段階で係長に確認

↑

資料収集を含めて、3日あれば十分間に合うかな。

着　手

15

最初に結論を書く

POINT 「短時間で理解したい」という読み手の気持ちに配慮する

◎ 「主旨」から始めるパターン

　読み手は、資料をできるだけ短時間で理解したいと思っています。

　資料の鉄則は、最初に資料の結論を書くこと。具体的には、2つのパターンがあります。

　1つは、冒頭に主旨を書き、その後に具体的内容、理由などを書くパターンです。例えば、「1　主旨」として、「毎週、係会を実施することを提案する」とだけ書きます。その後で、「2　係会実施の必要性」、「3　係会の具体的内容」などを書くのです。

　このような構成であれば、読み手は「係会を提案しているのだな」とすぐに理解できますし、「なぜ実施する必要があるのか」「具体的にどのように実施するのだろうか」と自然と考えるようになります。これに対し、課題から書き始めると、最後まで読まなければ結論がわからず、読み手は途中で「だから、何が言いたいの？」と思ってしまいます。

◎ 「概要」から書くパターン

　もう1つは、「1　概要」として資料の全体を簡単にまとめるパターンです。例えば、「係員間の連携不足から、事務のミスが発生している。また、係でスケジュールが共有されずにムダも発生している。そこで、毎週月曜日に係会を実施することを提案する」と、パターン1つ目の主旨の記述より少し分量を増やし、読み手が資料の大枠を理解できるようにするのです。後は、先と同様に、「2　係会実施の必要性」、「3　係会の具体的内容」を書いていきます。

資料は「結論先出し」が基本

△ 結論が最後に書いてある資料

住居確保給付金について

1 経　緯
　　令和○年 4 月 20 日　　離職者以外にも変更（対象者拡大）
　　　　　　　 4 月 30 日　　ハローワークの求職申込が不要に変更（条件緩和）
2 現　状
　　1 日の電話件数…約 30 件（昨年度は 1 週間に 1 件程度）
　　電話での相談予約から実際の来所相談日までの日数…1 週間（昨年度は即日）
3 問題点
　(1) 相談件数の増加により、窓口相談の予約が取りにくい
　(2) 相談後に申請するため、支給決定までに時間がかかる
　(3) 今後も相談件数増が想定され、さらに支給が遅れる見込み
4 対応策 ◀─ ここまで読まなければわからない
　　現行の窓口申請だけでなく、郵送申請も受け付けて支給決定の迅速化を図る

○ 結論が最初に書いてある資料

住居確保給付金について

1 主　旨 ◀─ 何を言いたいかが一目でわかる
　　現行の窓口申請だけでなく、郵送申請も受け付けて支給決定の迅速化を図る
2 理　由
　(1) 相談件数の増加により、窓口相談の予約が取りにくい
　(2) 相談後に申請するため、支給決定までに時間がかかる
　(3) 今後も相談件数増が想定され、さらに支給が遅れる見込み
3 現　状
　　1 日の電話件数…約 30 件（昨年度は 1 週間に 1 件程度）
　　電話での相談予約から実際の来所相談日までの日数…1 週間（昨年度は即日）
4 経　緯
　　(略)

1-4 ［文章の書き方］

短文で断定する

POINT 文章は、短文・箇条書き・言い切りで書く

◎できるだけ短文、可能なら箇条書きにする

資料の文章は、できるだけ短文で書きましょう。

短文で書くコツは、「○○は××だ」のような主語と述語に特化し、修飾語や「…の場合には」のような条件設定などは、なるべく書かないことです。また、1文が長くなりすぎたと感じたときは、2つに分けることを考えましょう。1文に複数の要素がある場合、大抵は分割できます。さらに、できるだけ箇条書きを取り入れることも有効です。

読み手、特に上司・首長・議員は、手っ取り早く理解したいと考えているため、短く書くとともに、わかりやすい配慮も必要です。

「そのように考えない人はいない」などの二重否定、「もし、○○の場合は」などの条件付きの説明が多いなどの癖のある文章も要注意です。

◎表現は断定を用いる

また、表現は断定を用います。「〜だ」「〜である」と言い切り、「〜と思われる」「〜と考えられる」「〜かもしれない」といった、推量表現は避けましょう。

資料作成の経験が少ない職員は、断定表現を用いると、「本当に、このように断言してよいのだろうか」「上司から違うと指摘されるのではないか」と考えてしまうかもしれませんが、それでかまいません。実際に間違っていれば、上司は指摘するので、そのときに修正すればよいのです。「断定の表現を用いることが資料の流儀」と考えて差し支えありません。

18

わかりやすい文章を書くコツ

〈できるだけ短文で書く〉

△　市長は、<u>本市第1回定例会所信表明の中で、</u>「新型コロナウイルス感染症への対応が 本市の最優先課題である」と述べた。

> 読み手が理解して
> いれば不要

○　<u>市長は</u>「新型コロナウイルス感染症への対応が最優先課題」と<u>表明した。</u>

> 主語＋述語

〈長い文章は2つに分ける〉

×　パブリックコメントは、「意見提出手続」とも呼ばれ、市の基本的な計画等を決定するときに、事前に案を公表し、市民の皆さんのご意見をいただき、考慮して決定するとともに、寄せられたご意見とそれに対する市の考え方を公表する手続です。

> 一文が長く、読点（、）でどんどんつないでいる

○　パブリックコメント（意見提出手続）は、市の基本的な計画等を決定するときに、市民の皆さんのご意見をいただくものです。事前に公表した案に寄せられたご意見とそれに対する市の考え方を公表します。

> 文を切る

〈断定表現で書く〉

×　イニシャルコスト、ランニングコストも踏まえて、施設のあり方を検討することが必要である<u>と思われる。</u>

> 推量表現はNG

○　イニシャルコスト、ランニングコストも踏まえて、施設のあり方を検討することが必要<u>である。</u>

> はっきりと断定する

原則、Ａ４判１枚にまとめる

POINT 読み手に配慮し、情報を取捨選択する

◎資料の枚数が多いのは、情報が整理されていない証拠

　資料は、原則Ａ４判１枚が、読み手に理解してもらう情報量として適当な分量です。Ａ４判の紙が５、６枚になると、かなりの文字数、情報量となり、読み手に短時間で理解してもらうのは難しくなります。つまり、資料の枚数が多いのは、情報が整理されていない証なのです。

◎大胆に文字数を削ってみる

　資料の書き手は、ついつい文字数が多くなってしまう傾向があります。「これも言及しておきたい」「あれも知っておいてほしい」と思い、何でも資料に書き込んでしまうのです。

　資料作成にあたっては、一度書いた文章を見直し、「ここまで削って大丈夫かな」と思うくらい文字数を削ってみましょう。真面目な性格の人が多い公務員は、抜け・漏れを恐れて躊躇しがちですが、資料作成の経験を重ねていくうちに、大胆に文字数を削っても、意外に意味が通じることを理解できるでしょう。

　文字数を削る作業を行うと、「何を書くか」「どう書くか」に敏感になります。「もっと短くできないか」「回りくどい表現はないか」に留意して、最低限の文字数で表現する工夫をしてください。

　なお、資料によってはＡ３判１枚にまとめる場合もあります。これは、「Ａ４判２枚よりも全体像をつかみやすい」「図表のスペースが十分に確保される」などの利点がある場合に活用します。

「学校安全ネットワークボランティア研修会」を開催します

　地域ぐるみで子どもたちを見守る「学校安全ネットワーク」を推進するために、各学校のボランティアと教職員を対象に、研修会を下記のとおり開催いたします。

　この研修会では、○○大学△△学部の ×× 教授に御講演をいただきます。また、教育委員会が委嘱した学校安全ネットワークセンター校の代表による先進的取組の実践発表も行います。

記

1　目的

　　各学校の学校安全ネットワークボランティア及び教職員を対象に、子どもの安全を守るための方策についての研修会を開催し、今後の活動に生かしていただく。

2　内容

　　学校安全ネットワークセンター校の実践発表（代表 2 校）

　　講演「子どもの安全のために地域ができること」（×× 教授）

3　参加者

　　市立小学校 52 校の学校安全ボランティア及び教職員（約 200 名）

4　日時

　　令和○年 1 月 23 日（水曜日）9 時 30 分から 11 時 45 分

5　場所

　　市民会館 大ホール

6　添付資料

　（1）　□□小学校実践発表資料

　（2）　△△小学校実践発表資料

見出しの階層は３つまで

POINT 読み手が迷子にならないように、わかりやすく

◎階層は３つまで

資料の見出しは、必ず階層を設けます。大項目は「1、2、3…」、その下の中項目は「(1)、(2)、(3)…」、その下の小項目は「①、②、③…」とするのが一般的ですが、明確なルールはありません（ただし、正式な起案文書、告示などは、公文規程などに従う必要があります）。

しかし、あまり階層が深くなると、読み手はどの部分を読んでいるのか見失ってしまいます。このため、上記の大項目・中項目・小項目の３階層で収めるのがよいでしょう。

なお、階層の付け方は、自治体内で統一されている形式で書く文書以外の場合には、自分なりのルールをあらかじめ決めておき、それに従って書くように習慣づけると、資料作成の度に迷わずに済みます。

◎余白を設ける

資料にはきちんと余白を設けましょう。Word の初期設定程度の余白は必要です。これは、上下左右にびっしり文字が書いてあったら読みにくいという理由に加えて、読み手がメモを書き入れることができないからです。読み手は資料を読み、書き手の説明を聞きながら、メモを書き込みます。そのため、メモのスペースを確保することが必要です。

なお、余白の設定では、資料に穴を開けて綴じることを考え、Ａ４判で縦長なら左側に、横長なら上部または左側に適度な余白を設けます。十分な余白がないと、穴を開けたときに文字が欠けてしまいます。

箇条書きは3階層までがベター

○○公園の指定管理者募集について (案)

1　施設の概要　◀─── 大項目（階層1）
　　（略）

2　申請資格等
　　申請者は、法人その他の団体又はそれらのグループ（以下「団体等」とします。）
　とし、個人で申請することはできません。

(1)　申請資格　◀─── 中項目（階層2）
　　○○県内に事務所を有すること。（なお、応募時点で○○県内に事務所を有し
　ている必要があります。）ただし、次の事項に該当する者は、申請することがで
　きません。

　①　地方自治法施行令第 167 条の4の規定により、一般競争入札の参加を制
　　限されている法人
　②　県から○○県指名停止等措置要領により、競争入札に関して指名停止を
　　受けている法人　　　　　小項目（階層3）
　③　（略）

箇条書きのポイント

1　1文の中に複数の事柄が含まれるときは、箇条書きで整理する

2　階層を示す記号（1、(1)、①など）は順番を決めておく

3　正式な公用文では、自治体の公文規程などに従う

1ペーパー1テーマとする

POINT　1枚ずつに分けたほうがわかりやすい

◎ 1つの資料に複数のテーマがあると、読みにくい

　例えば、「昇任選考」と「研修」という2つを1枚に盛り込むよりも、1枚ずつに分けたほうがわかりやすい。これが1ペーパー1テーマです。

△ 1枚に2つのテーマを盛り込んだ例

昇任選考及び研修制度の変更について

　行政系人事制度の変更に伴い、下記のとおり昇任選考及び研修制度を変更する。

1　係長
選考方法　　従来の択一試験と勤務評定から、論文と勤務評定に変更
選考対象者　主任歴5年から4年に変更
研　　修　　従来は係長昇任2年目に実施してきた「リーダーシップ研修」・「部下指導研修」を係長昇任1年目に変更、「マネジメント研修」・「部下指導研修」として実施

2　主任
選考方法　　従来の択一試験と勤務評定から、面接と勤務評定に変更
選考対象者　主任歴4年から3年に変更
研　　修　　従来は主任昇任2年目で実施してきた「後輩指導研修」を主任昇任1年目に変更

昇任選考の変更について

　行政系人事制度の変更に伴い、下記のとおり昇任選考を変更する。

1　係長

	現制度	新制度
選 考 方 法	択一試験、勤務評定	論文、勤務評定
選考対象者	主任歴5年	主任歴4年

2　主任

	現制度	新制度
選 考 方 法	択一試験、勤務評定	面接、勤務評定
選考対象者	主事歴4年	主事歴3年

研修制度の変更について

　行政系人事制度の変更に伴い、下記のとおり研修制度を変更する。

1　係長

	現制度	新制度
研修内容	「リーダーシップ研修」 「部下指導研修」	「マネジメント研修」 「部下指導研修」
実施時期	係長昇任2年目	係長昇任1年目

2　主任

	現制度	新制度
研修内容	後輩指導研修	（同左）
実施時期	主任昇任2年目	主任昇任1年目

４つの視点を常に意識する

POINT 住民・首長・議員・職員それぞれの立場で考えてみる

◎住民視点・首長視点

　公務員の資料作成では、４つの視点が大切です。

　１つ目は、住民視点です。例えば、制度改正の検討であれば、「公平性はあるか」「住民にとってのメリット・デメリットは何か」などを明確にします。たとえ小さな変更でも、住民への影響を十分に考えましょう。

　住民へ配布する資料であれば、文字の大きさや表現も配慮します。庁内文書であれば、「高齢者」だとしても、住民宛てであれば、「ご高齢の皆様」とします。

　２つ目は、首長視点です。全庁的視点と言い換えてもよいでしょう。自分の部署のことだけ考えるのではなく、他部署への影響等を考慮し、「もし、この資料を首長が見たら何と思うだろうか」と考えます。

◎議員視点・職員視点

　３点目は、議員視点です。与党と野党、各会派の主義主張など、独自の立場に配慮します。また、議員にはそれぞれ地盤があり、特定の地域に関する内容や事業には敏感です。執行機関としては「いい事業だ」と思っても、地域間のバランスから考えると事業実施が困難な場合もあります。

　４点目は、職員視点です。資料の内容が、職員にどのような影響があるのかを考えるのです。例えば、住民にとってよい制度変更があったとします。しかし、それに伴い、職員に過度な事務作業が生じるのであれば、それを課題の１つとして解決することが必要となります。

それぞれの視点のポイント

住民視点	・住民はこの問題をどう捉えるか？ ・立場によって受け止め方はどう異なるか？ ・利益（不利益）を受ける住民はどんな人か？ ・将来世代へのデメリットはないか？ ・文字の大きさ、言葉の使い方は適切か？ 　（住民配布の資料の場合）
首長視点	・全庁的に見て、どんな影響があるか？ ・コストはどの程度かかるのか、得られる効果は？ ・議会、町会、関係団体、都道府県、国への影響は？ ・地域や団体によって、不公平や不均衡は生じないか？ ・他自治体では実施しているのか？
議員視点	・各議員の主張は？ ・各会派の主張は？ ・議会でのこれまでの経緯は？ ・各議員の地盤への影響はあるか？ ・各議員が関係する業界・企業・団体等は？
職員視点	・特定の部署（職員）の利益だけになっていないか？ ・職員にメリットはあるか？ 　（ただし、住民の不利益が生じることはＮＧ） ・他の職員に与える影響はどうか？ ・長期的な視点から見て問題ないか？

第2章

スッキリ主旨が伝わる

職場向け資料のサンプル

庁内定期清掃の周知文書

POINT 日程と担当、役割を明確に伝える

◎日程は表にして見やすく

　年度当初、課の庶務担当係が課内の各係に定期清掃の日程を周知する文書です。定期清掃が実施されるのが毎月月末の土曜日となっているので、その前日（金曜日）に退庁する際に行うべきことを整理しています。このように、日程を周知する文書では、日程と役割を明確に伝えることが重要です。

　まず、日程（清掃日）と担当係は表で示すと、読み手が理解しやすくなります。表にせずに、そのまま文章で日程を書いてしまうと読みにくくなってしまいます。また、この文書では、定期清掃実施日を通知することで、当該の土曜日に出勤しないことも併せて周知することにもなります。

◎箇条書きで役割を明確にする

　担当係の役割は、箇条書きで明確にします。担当係が行うことを、長い文章で書いてしまうと、かえってわかりにくくなってしまいます。このため、箇条書きで明確にしたほうが、「漏れがないか」のチェックもしやすくなります。

　読み手は長い文章になればなるほど、読む気が失せます。その内容に興味があれば別ですが、周知文書はそのようなものではありません。このため、「どうすれば読み手がすぐに理解できるか」を考えると、箇条書きは非常に効果的なのです。

市民課職員　各位

令和○年4月1日
市民課管理係

> 「誰が」「誰に」「何を」伝えるか、
> 一目瞭然になるよう簡潔に表記する

令和○年度の庁内定期清掃実施日のお知らせ

　令和○年度の庁内定期清掃の実施日について、経理課より通知がありました。これに伴い、市民課では以下のとおり対応しますので、各係で周知徹底願います。

> 左に上半期、右に下半期と表にするとわかりやすい

1　定期清掃実施日及び担当係

月　日	担当係	月　日	担当係
4月25日（土）	管理係	10月31日（土）	管理係
5月30日（土）	市民係	11月28日（土）	市民係
6月27日（土）	戸籍係	12月26日（土）	戸籍係
7月25日（土）	管理係	1月30日（土）	管理係
8月29日（土）	市民係	2月27日（土）	市民係
9月26日（土）	戸籍係	3月27日（土）	戸籍係

> 箇条書きにすることでポイントが明確に。
> また、疑問形の表現だと確認しやすくなる

2　担当係の役割
　担当係は、定期清掃実施日前日（金曜日）の退庁時に、以下の点を確認する。
- イスがすべて机上に乗せられているか（ただし、肘付イスを除く）
- すべての金庫、キャビネットが施錠されているか
- すべてのパソコン・基幹系システムが電源オフとなっているか
- 確認者が最終退出者名簿に名前を記載しているか

3　その他
- 定期清掃実施日は、他部署との関係で変更する場合もあります
- 定期清掃実施日前日は、特に職場の整理整頓に留意願います

> 日頃から、働きやすい職場環境にご協力を！

> 吹き出しに「特に注意してほしいこと」を書くと効果的。ビジュアル的にも目立つのでわかりやすい

> 誰に問い合わせたらよいか明示する

【担当】
管理係　山口（内線2511）

係内事務分掌表

POINT 誰でもわかるように事務分掌と担当者を示す

◎事務分掌は大項目・小項目で表記する

　年度当初に作成する、係内の事務分掌表です。左側に事務の内容を、右側に担当者を明記します。

　事務の内容を表記する際には、大項目・小項目のように事務を分類することがポイントです。例えば、庶務事務という大項目には、勤怠管理、文書収受のようにいくつかの小項目があります。このように整理すれば、係の事務が明確に区分でき、係員にとってもわかりやすくなります。

　係員は係長、主査、主任…のように職層の高い順番に明記します。併せて係の在籍年数の欄も設けることで、今後の異動などを見据えた事務分掌を考えることができます。

　また、事務分掌は主担当・副担当のペア制が基本です。独任制では、その職員が不在だったり、急に休んだりすると、住民対応などができなくなってしまいます。ただし、係長の「係内総括」などは別ですし、2人のペアでなく3〜4人で担当する場合もあります。

◎係員以外にも理解できる事務分掌表にする

　事務分掌表は、係員以外でもわかるようにしておきます。これは、課長やその係の業務に関係する他部署の職員が、その係に問合せや連絡する際に便利だからです。このため、係内だけで通じる略語などは用いず、正確な名称を用います。

〈福祉係事務分掌表（令和○年度）〉　　　　　　　　　　　◎主担　○副担

	備　考	小松	大山	吉田	佐藤	山本	鈴木
係の在籍年数を表記することで、今後の異動を見込んだ分担にできる							
係・年目		2	5	4	2	1	1
係内総括・議会関係事務		◎					
県内高齢福祉・介護保険課長会事務局事務	本年度幹事長市	◎					
予算	部・課とりまとめ						
国・県関係、予算関係				◎			○
監査・決算	部・課とりまとめ			◎			○
国庫（県）支出金	部・課とりまとめ			◎			○
庶務事務							
勤怠管理関係				◎			○
支出・指定用品				◎			○
文書収受・メールチェック				○			◎
ホームページ管理・更新				◎			○
会計年度任用職員				○			◎
案内窓口・マイナンバー					◎		
調査・報告事務				○	○		◎
資金貸付・債権対策会議		○		◎	○	○	
民生委員							
正副・部会		○		○	○	◎	
総会・感謝状贈呈式		○		○	○	◎	
欠員・一斉改選		○		○	○	◎	
推薦会・民生OB会		○			◎		○
経理					◎	○	
遺族会・旧軍人援護							
遺族会・旧軍人援護			○		◎		
弔慰金・特別給付金		○		○	◎	○	
避難行動支援事業		○		◎	○		
東日本大震災避難者支援							
災害援護資金貸付事業		○		◎			

分担は大項目・小項目のように整理するとわかりやすくなる

「○○大会当日は係全体で対応」のように表記することもある

歓送迎会開催の周知文書

POINT 親しみがわくよう、フォントを工夫する

◎読み手が楽しめる文書にする

　年度当初に開催される歓送迎会のお知らせです。厳密には業務上の文書でありませんが、実際には誰でも一度は作成する機会があるでしょう。

　もちろん、歓送迎会は業務でなく、あくまで性格としては業務外のイベントですから、参加は任意となります。そこで、幹事としては、できるだけ多くの職員に参加してもらうことが大きな役割となります。そのため、お知らせの文書も一工夫したいところです。そこで、明朝体ではなく、やわらかい雰囲気のゴシック体を用いたり、フリーのイラストを添えたりすることで、明るい印象を持たせます。

◎参加者に配慮した文書

　歓送迎会の周知文書は、「いつ」「どこで」「誰が」など、文書の基本となる5W1H（ 2-4 参照）の要素が入っており、意外に文書作成者の能力が問われるものです。

　例えば、出張先から会場に直接行ったり、遅れて参加したりする職員もいるでしょう。そこで、会場の住所・電話番号の明記、地図の添付、場合によっては幹事の携帯番号の記載など、参加者に配慮することが求められます。

　また、どうしても急な予定でキャンセルする職員もでてきます。いつまでに連絡すれば、お店のキャンセル料が発生しないのかも大事なポイントになります。

令和○年 4 月 3 日

フリーのイラストを活用することで、より親しみがわく工夫ができる

総務課・歓送迎会のお知らせ

　今年度も、下記のとおり総務課の歓送迎会を開催いたします。

　お忙しい時期と存じますが、ぜひご参加くださいますようお願いいたします。

記

歓送迎会などインフォー マルなお知らせは、親しみやすいフォントがよい。ただし、ポップ体だとくだけすぎてしまうので、小塚ゴシック等がおすすめ

1　日　時　　　令和○年 4 月○日（木）午後 6 時から

2　場　所　　　居酒屋「春夏秋冬」
　　　　　　　　○○市△△1-1-1　TEL　○○○○-○○○○

3　会　費　　　1 人 3,000 円
　　　　　　　　※当日までに幹事にお渡しください。

4　その他　　　欠席される場合は、4 月 11 日（木）までに
　　　　　　　　幹事にお知らせください。

飲み会ではドタキャンがつきもの。キャンセル料や当日の進行のためにも「いつまでに欠席の連絡をすればよいか」を明記する

＜案内図＞

出張先から直接、会場に行く人もいるので、地図を添付したほうが 親切

【幹事】
総務係　大石

施設見学会参加者募集の周知文書

POINT　５Ｗ１Ｈを意識して具体的に書く

◎５Ｗ１Ｈはフレームワークの１つ

　５Ｗ１Ｈとは Who（誰が）、Where（どこで）、What（何を）、When（いつ）、Why（なぜ）、How（どのように）をまとめた言葉で、フレームワークの１つです。フレームワークとは「枠組み、骨組み」を意味し、問題解決や業務改善のための思考方法、分析方法です。この５Ｗ１Ｈを意識した文章を書けば、「実施方法は記入したものの、大事な目的を書くのを忘れた」などの漏れを防ぐことができます。

　この例は施設見学会のお知らせですが、例えば、新規事業を行う場合に、財政課に提出する予算要求資料でも、５Ｗ１Ｈを活用することで、より具体的に事業を説明することができます。反対に５Ｗ１Ｈが明確でないと、「事業の対象者をどのように見込んでいるのか、この資料からはわからない」と、詰め切れていない点を読み手に見抜かれてしまいます。

◎６Ｗ２Ｈという考え方もある

　予算要求資料であれば、当然ながら費用（経費）についても言及することも必要で、How much（いくら）も大事な要素となります。また、Whom（相手が誰なのか）を示すことも必要な場合もあります。このように、先の５Ｗ１Ｈに How much（いくら）と Whom（誰に）を加えたものを６Ｗ２Ｈとして活用することもあります。

　この場合、Who（誰が）は実施主体、Whom（誰に）は対象者・ターゲットと区別します。

イベントを周知する文書のポイント

児童課職員　各位

令和○年4月2日
児童課庶務係

何を（What）

児童課関連施設見学会のお知らせ

　今年度、新たに児童課に転入した職員（新人職員を含む）を対象に、児童課関連施設の見学会を下記のとおり実施します。実際に施設を見学し、担当職員から説明を聞くことができる貴重な機会ですので、是非ご参加ください。

目的（Why）、メリットなどを冒頭に簡潔明瞭に表記する

記

いつ（When）

どこで（Where）、どのように（How）

1　実施内容

　日　　時：令和○年4月24日（金）9時〜17時

　行　　程：庁舎→ ○○保育園→△△子ども家庭支援センター→
　　　　　　□□児童相談所（昼食）→◇◇こども食堂→◆◆幼稚園→
　　　　　　◎◎認定こども園→庁舎
　　　　　　※　すべて庁有車で移動。昼食は、施設内の食堂もしくは
　　　　　　　　付近のコンビニ等が利用できます

　対象者：令和○ 年度に児童課に転入した職員（新人職員を含む）
　　　　　　その他職員で参加希望者は、庶務係・北までご連絡ください

誰が（Who）

　注　　意：①原則1日参加とし、途中からの参加等は不可
　　　　　　②参加者は、見学会当日8時50分に庁舎1階駐車場に集
　　　　　　　合。筆記用具持参の上、必ず名札着用のこと

2　その他

・参加希望者は、17日までに庶務係・北まで連絡願います（メール可）

・原則、参加希望者はすべて参加可能としますが、申込者多数などで調整が必要な場合は、別途連絡します

・服務上の取扱い等については、別途メールで連絡します

【担当】
児童課庶務係　北（内線 2712）

コピー機使用状況報告書

POINT　状況を報告し、課題と今後の対応を共有する

◎根拠資料を示し、課題を認識してもらう

　上半期のコピー機の使用状況を報告する文書です。この文書の目的は、現在の状況を伝えるとともに、職員に課題を認識してもらい、今後の対応について同一歩調の行動を促すことにあります。

　コピー機の使用枚数は、実績として数値として示すことができますが、大事なことは「それで、何が課題なのか」という点です。ただ数値を示しただけでは、読み手の心には何も響きません。この数値から、課題を指摘して問題意識を持ってもらうのです。そして、今後、書き手が示す行動をしてもらうように促すことが必要です。

　そのためには、「数値から何を読み取ることができるか」との解釈が重要になります。その解釈が論理的でなければ、読み手は「それって、本当に課題なの？」と考えてしまいます。根拠資料である数値は、表やグラフなど様々な方法を活用して、読み手がすぐに理解できるように示すことが必要です。

◎今後の対応は、具体的に書く

　今後の対応については、読み手にきちんと理解してもらい、同一歩調をとってもらう必要があります。このため、抽象的な内容や読み手によって解釈が異なるような文章はNGです。

　できるだけ具体的かつ明確に書くことを心がけつつ、「上から目線」の文章にならないように注意しましょう。

環境対策課職員 各位

令和○年 10 月 7 日
環境対策課管理係

コピー機使用状況報告 (上半期) と下半期の対応について

　今年度上半期の使用状況を集計した結果、当初の予定をかなり上回っていることが判明しました。このペースでは、予算額を大幅に超えることが予想されるため、下半期のコピー機の使用にあたってはご留意ください。

> 月ごとの使用枚数の変化と累計を示すことで「毎月」と「累計」が明確になる。棒グラフで示すことも有効

1　上半期の使用状況

月	4 月	5 月	6 月	7 月	8 月	9 月
枚数	896	1,025	986	2,102	985	2,222
累計	896	1,921	2,907	5,009	5,994	8,216

⇒　下半期も同様だと、年間使用枚数は 16,000 枚を超える見込み。年間使用枚数を 15,000 枚で予算計上しているため、このままでは予算が不足する事態に！

> コピー機は月々のリース料金と、使用枚数別のカウンター料金の合計額を予算計上しています

2　コピー機使用の留意事項
- コピーは、真に必要なものに限定してください
- 大量のコピーが必要な場合は、コピー機でなく印刷機を使用してください
- 住民説明会資料などは、業者への発注等も検討してください
- その他、ご不明な点は管理係までお問い合わせください

> 環境対策課は、全庁における環境のトップランナーです‼
> 是非、皆様のご協力をお願いします。

> 特に強調したい部分を、①吹き出し、②フォントの変更、③ポイント数の変更で見やすくする

【担当】
管理係　　吉田

事業進捗状況の報告書

POINT 当初予定と実績のズレを明確に示す

◎予定と実績のズレを共有する

　地区スポーツ祭の開催にあたり、当初作成した予定と、報告日時点での実績を示した事業進捗状況の報告書です。

　大事なことは、①そもそも当初の計画はどのようなものであったか、②報告日までの実績はどのようになっているか、③報告日時点で注意すべき点は何か、という点です。何かイベントの準備を行う際は、日が経つにつれて状況が変わるため、当初の予定が変更になったり、不測の事態が発生したりします。このため、関係者が当初の予定と現状を認識しておくことはとても重要なのです。

　なお、実績には、単に「済」でなく、「4/10 済」のように日付を入れておくとわかりやすくなります。また、例えば部長に報告にした際に、部長から何か注文があった場合には、それを付記しておくと、関係者で共有でき、対応の漏れを防げます。

◎報告日ごとに別ファイルで保存する

　報告書は、いつの時点の報告かが重要です。このため、右上にある報告日の日付は必ず記入します。また、この報告書のファイルは、上書き保存するのでなく、「進捗状況報告書（20××0707）」のように別ファイルで保存しておくと、来年度に同じ事業の進捗管理のあり方を検討する際に役立ちます。

進捗を報告する文書のポイント

令和○年7月7日
スポーツ課管理係

○○地区スポーツ祭事業の進捗状況について

「当初の予定」と「実績」を対比すると、ズレが明確になる

※各項目とも上段が当初予定、下段が実績

	6月	7月	8月	9月	10月
会場予約 （管理係）	予約 6/10 予約				
イベント案 企画 （事業係）	課内決定後、市長報告 6/30 課長了承、7/3 市長了承				
関係機関 連絡 （管理係）		企画送付 7/5 送付			
実行 委員会 （全係）		委員会① 8/3 開催	調整期間 →	委員会②	
スポーツ祭 （全係）					10/26

「実績」は具体的な日付を記入したほうが明確。予定ではある程度の期間があるが、実際の実施日が後々重要になることもある

市長からイベントの順番について一部変更の指示あり

各係は委員会①で出された課題について検討し、課長の了解を得ること！

進捗するに伴う、様々な変化や新たな課題についても工程表に付記することで、広く周知することができる

会議録（要約版）

POINT フォーマットを活用して誰でも同じ記録方法にする

◎要約版の会議録はフォーマットを決める

　会議録には2種類あります。1つは要点をまとめた要約版、もう1つはすべての発言を掲載する逐語版（**4-3** 参照）です。ここでは前者の要約版を取り上げますが、大事なことはフォーマットを決めておくことです。

　会議であれば、日時、場所、出席者など、記載すべき事項は概ね決まっています。そこで、これらを統一の書式としてフォーマット化しておくのです。そうすると、いちいち書式設定から文書を作成する必要はなくなります。

　また、この例にあるように、仮に書記が毎回変わるようなことがあっても、このフォーマットに記入すれば、同じ体裁の文書を残すことができます。共有のフォルダで管理すれば、ファイルを共有することも可能となります。

◎書く内容、表現には注意が必要

　ただし、書き手は記載する内容と表現について注意が必要です。例えば、議題内容の記録で、ある人は長い文章で説明し、他の人は1行で端的に表現するようでは、同じフォーマットでも中身が異なってしまいます。このため、どの程度書くかは、あらかじめ決めておきましょう。

　また、表現についても、「です／ます」の敬体でなく、「だ／である」の常体で書くなど、統一したルールが必要です。

令和○年度　第6回係会・会議録

日　時	令和○年8月7日（水）8:40 ～ 9:00
場　所	福祉課会議室
出席者	山口係長、大野主査、佐々木主任（司会）、吉野主任（書記）、花田主事、五十嵐主事
欠席者	梅田主事
議題等	1　係長からの報告事項等 (1)　庶務担当課長会の報告 　内容については別紙のとおり。なお、マイナンバーカードの取得状況に関するアンケートについては、14日（水）までに、各自が花田主事へ提出する。 (2)　課長からの指示等 　①夏季休暇の取得について 　　各係で計画的に夏季休暇を取得すること 　　→　係としては、全庁共有フォルダ内にあるファイルで情報共有することを再度確認 　②議会資料について 　　第三回定例会の委員会資料について、9月13日までに課長に提出すること 　　→　今回、提出資料はないことを確認 (3)　係長からの連絡等 　①他課で、金庫を施錠しないまま職員が退庁した事例が発生したので注意すること 　②熱中症に注意すること 2　その他 　大野主査より、参加した研修「自治体財政」に関する資料を後日回覧するとの連絡あり
次　回	1　9月6日（金）8:40から福祉課会議室で開催予定 2　（司会）吉野主任　（書記）花田主事 3　連絡事項等がある場合は、前日までに司会へ連絡する

出席者の役割を併記しておく

会議で何の資料を用いたのかも大事。会議録とともに保管する

会議録では、①何が話されたのか、②話し合いの結果どうなったかを明確に記録。一人ひとりの発言の記録が重要な場合は、③発言者と発言主旨を明記することもある

行政視察報告書

POINT 事実と意見を区別し、速やかに提出する

◎事実と意見を混同した文章は読みにくい

　行政視察を同僚や上司へ報告するための文書です。こうした報告書では、事実と意見を明確に区別することが重要です。

　例えば、他都市に視察に行った場合、先方の担当者から説明された内容は「事実」であり、客観的な内容となります。これについては、その事実を正確に伝える必要があります。一方で、その「事実」に対して、どのように感じたのかは報告者の「意見」であり、報告者の主観となります。これは先の事実とは明確に区別して述べる必要があります。

　時々、事実と意見を混同してしまっているケースが見受けられます。「担当者からは、人口減少が大きな課題であるとの説明があったが、しかし、これは全国的な問題である。また、高齢化に伴う社会保障費の増大の指摘もあったが、これについても……」のような文章です。これでは、読み手にとって非常に読みにくい文章になってしまいます。事実と意見を明確に区別することで、読みやすくなり、誤解も避けられます。

◎意見は個人の数だけあるが、全体でまとめることもある

　意見は、その人自身の意見ですから、誰の意見なのか示すことが重要となります。たとえ一緒に行政視察に行ったとしても、感じ方・意見は人それぞれですから、報告書は個人の数だけあることになります。

　ただし、実際には参加者を代表し1つの報告書にまとめることも少なくありません。この場合には、参加者で意見を調整することになります。

視察の行程等は概要としてまとめる。これで視察の全体像を把握することができる

令和〇年7月9日

企画課　山下

行政視察報告

報告中、「意見」が誰の見解かを明確にするために名前は忘れずに記載する

1　概　要

目　的	人口減少に伴う行政サービスの見直しについて、〇〇県△△市の現状と課題を把握し、今後の本市の行財政運営の参考にする
参加者	（企画課）大野係長・山下主任　（財政課）杉山係長・鈴木主事
行程等	7月1日（月）13:00〜16:00 　△△市庁舎にて、山田行革担当課長から「△△市行革計画」についての説明。その後、庁有車にて施設を視察 7月2日（火）9:30〜12:00 　△△市庁舎にて、山田行革担当課長と意見交換（主に、本市からの質問事項に対する回答をもとに意見交換）

2　△△市からの説明等

まず、説明内容（事実）を記述する。あくまで事実なので、自分の意見は含めない

⑴　行革計画の策定について

　首脳部から「かなり踏み込んだ内容にするように」との指示があるも、各課からは多くの反対や抵抗があった。（以下略）

⑵　老朽化施設の対応について

　3年前に「公共施設等総合管理計画」を策定したものの、今回の行革計画ではそれ以上に統廃合の方針を示している。（以下略）

⑶　本市からの質問事項について

　質問・回答は別紙のとおり。

説明内容（事実）に対する意見を明示する。事実と意見を区別することで読み手の混同を防ぐ

3　行政視察により参考となった点

　今後の本市行財政運営にとって、以下の点が参考になった。

⑴　行革計画の策定について

・行革計画への所管課の反対は根強く、混乱を招いた。このため、企画部と所管課との間では時間をかけて意思疎通を図ることが求められる。（以下略）

⑵　行政サービスの見直しに伴う住民の理解について

・住民の目から行政サービスの低下に見えるものについては、特に住民の理解を求めることが必要である。このため、適切な広報を行う。（以下略）

⑶　施設の統廃合について

・本市において、次のような対応が望ましい。（以下略）

研修報告書

POINT 研修内容を報告した上で、提案する

◎研修に参加していない職員にもわかる文書

　多くの自治体では、研修報告書は書式が定められており、それに記入して研修担当に提出することになっています。しかし、研修の内容について職場で報告したり、研修内容をもとに新規事業を検討したりする場合には、右のような報告書を作成することがあります。

　必須項目は、①どのような研修だったのか（研修概要）、②研修の中身は何か（研修内容）、③研修を受けてどのように考えたのか（研修から学んだこと）の3点です。①と②は研修に参加していない職員でもわかるように明記することが求められます。

　①では日時、場所などはもちろんのこと、講師や研修名も漏らさず書きます。また、②ではタイトルを明記するだけでなく、当日のテキストやレジュメを添付すれば、読み手にとっては参考になります。

◎事実と意見を区別する

　また、③は単に研修参加者の感想だけでなく、問題提起や提案といった内容でもよく、職場で行う議論のネタになります。この場合、「どのような点が活用できるのか」が大事なポイントになります。

　このためにも、研修内容という事実と、研修から学んだことの意見は明確に区別する必要があります。これを混在して書いてしまうと、どこまでが研修内容で、どこからが研修参加者の意見なのかがわかりにくくなってしまいます。

令和○年 8 月 8 日

> 研修の全体像を明示するため、5W1Hを意識して書く

研修報告書

1 研修概要

受講者名	広報課広報係長　宮本洋介
日　　時	令和○年 8 月 7 日（水）13:00 ～ 17:00
場　　所	◇◇市政策研修センター・視聴覚室
研　修　名	管理職昇任前研修　議会答弁の技術
講　　師	△△市総務部長　権藤武雄氏
研修内容	管理職に昇任する者を対象に、議会答弁の位置づけや実際の答弁のあり方などについての講義やロールプレイ 1　議会答弁とは 2　議会答弁の演習

2 研修から学んだこと

> 「どのような説明があったのか」（事実）と、それを踏まえて「どのように考えたのか」（意見）を区別する

(1) 議会答弁のスタイル等

　議会答弁は、本会議・委員会などの場面、一括質問一括答弁・一問一答などの答弁方式など、様々なスタイルがある。自治体によって異なるため、自分の自治体のルールを十分確認する必要があることがわかった。

　また、こうした内容は、一般には明文化されておらず、先輩管理職から新任管理職に口伝えで教えられることが多いが、教える管理職によって内容が異なることもある。新任管理職同士での情報交換の重要性も認識できた。

(2) 議会答弁の技術

　議会答弁は、慣れるまで緊張するのはやむを得ない。ある程度回数を経ることが必要であることを肝に銘じたい。

　また、「大きな声ではっきりと」「できる・できないは明確に」など、実際の答弁の重要さも理解できたが、日頃からの議員との付き合いが答弁に影響するとの話があった。「敬意を持って議員に接することは大事だが、極度に恐れる必要はない」との言葉が非常に印象に残った。

　管理職昇任後は、本日の話を参考にして議会答弁に臨みたい。

朝会実施の提案書

POINT　冒頭で概要（結論）を述べた上で、具体的理由を説明する

◎「先に結論、後に理由」が文章の基本

　係での朝会実施を、係員に提案するための文書です。この文書の目的は提案ですから、冒頭の概要で「提案する」と簡潔に結論を述べます。そうすると読み手は、「それってどういうこと？」「なぜやるの？」と問題意識を持つため、続く文章に誘導できます。

　しかし、冒頭に結論を述べずに、例えば「1　係の現状」とし、理由などから説明してしまうと、読み手は「だから何？」と思ってしまい、続く文章を読む気を失わせてしまいます。これでは、文書の目的を達成することはできません。

　このように、「先に結論、後に理由」が文章の基本になります。冒頭で簡潔に結論を述べ、具体的な内容や理由は、後で説明すれば十分です。なお、具体的内容では、やはり5W1H（**2-4** 参照）を意識することが重要です。

◎「その他」で参考情報を付記する

　基本的に、結論→理由の順番でよいのですが、それだけでは読み手の疑問が解消されなかったり、参考となる情報を掲載したほうが読み手の理解を深めたりする場合もあります。

　このような参考情報は、「その他」にまとめます。結論・理由だけでなく、こうした情報を付記しておくことで、提案が受け入れられる可能性が高まります。

令和○年 7 月 26 日

福祉係　山田

朝会の実施について（案）

1　概　要

円滑な係運営を行うため、係員間の情報交換などを目的に、係で朝会（週1回）を実施することを提案する

> 冒頭に提案内容（結論）を書くと、読み手は一目で文書の目的を理解できる

2　実施案

（1）目　的

　係員の情報交換、スケジュールの確認を行うことにより、係員間の連携を高め、円滑な係運営を実現する

（2）具体的内容

開催日：毎週週初めの日（通常は月曜日）

時　間：午前 8 時 35 分から 10 分程度

出席者：福祉係全員

場　所：自席

次　第：1　司会から「今週の予定」連絡

　　　　2　各係員からの連絡

　　　　3　係長からの連絡（課長会の報告等）

司　会：係員で順番に行う

開始日：令和○年 8 月 5 日（月）

> ここでも 5 W 1 Hを意識し、「なぜ行うのか」「どのように行うか」をはっきりさせる

3　その他

・介護保険係では同様の内容で実施し、職員間の連携に効果があるとのこと

・今年度に入り、福祉係で職員間の連携に問題が見られ、ミスも発生していることから、上記について提案する

・係長の意見：「係員の意見を聞いた上で、実施について判断する」

> 提案に関する参考情報を記載する。「係長の意見」とあることから、書き手はすでに係長に相談していることがわかる

第3章

最短で「OK」を引き出す

上司向け資料の サンプル

指定管理者募集の状況報告書

POINT 現在の状況を報告するとともに、今後の対応を明確にする

◎状況等を○、△、×などで表現するとわかりやすい

　指定管理者募集にあたり、応募見込を上司に報告するための資料です。

　冒頭の概要では、この資料の性格・目的を簡潔に述べ、「なぜこの資料を作成したのか」をすぐにわかるようにします。この概要を最初に読めば、読み手は書き手の趣旨をすぐに理解できます。

　次に、この資料の目的である現在の状況を示します。この例では、複数の社会福祉法人の状況について報告するため、表にしてわかりやすく示しています。また、応募見込は○、△、×で示して一目でわかるように工夫しています。厳密に言えば、○か△かは書き手の判断による主観的なものですが、文章で長々と書かれるよりは、読み手にとってはずっと明快です。

◎今後の対応も必ず書く

　今後の対応も重要です。状況を報告しただけでは、上司は「それで、この後はどうするの？」と必ず聞いてきます。そこで書き手としては、先に案として今後の対応を提示しておくのです。

　もちろん、この今後の対応はあくまで案であり、上司が了承するかはわかりません。「他市の担当者に法人を紹介してもらえないか」など、別の案を出される可能性もあります。しかし、それでかまいません。案をもとに、今後の対応を検討することが重要なのです。

報告の目的を明確にする。項目2の表だけでは、上司に資料の目的が伝わらないおそれがある

令和○年5月27日
障害者福祉係

○○福祉園の指定管理者募集にかかる状況について

1　概要

　来年度から○○福祉園に指定管理者制度を導入することに伴い、6月3日より社会福祉法人を対象に募集を開始する。しかし、福祉人材の確保困難等の現状があることから、複数の応募があるかが課題となっており、これまで個別に様々な社会福祉法人に指定管理者募集の情報提供を行ってきた。その状況等について、以下にまとめる。

状況を表に整理すると見やすい

2　主な社会福祉法人の状況

法人名	応募見込	法人の意見等
○○○会 （××市）	×	電話連絡するも、理事長から「人材難のため、現施設の維持で手一杯であり、他施設を運営できる状況にない」との回答。応募見込なし。
□□□福祉協会 （○○県◇◇市）	△	本市からかなり遠方に位置するが、人口減少に伴い、都心へ進出したいとの意向。人材確保の目処が立てば、応募見込あり。
△△△の会 （××市）	○	応募予定。法人グループ内の専門学校卒業生により人材は確保可能。ただし、昨年運営する◇◇福祉作業所で職員の虐待事件が発生している。
◇◇と○○の会 （××市）	△	施設で事務局長と面談したところ、「応募するつもり」とのこと。しかし、法人の状況や理事長の意向を確認してもはっきりしない部分があり、本当に応募するかはやや疑問。

　⇒　以上のことから、現在、確実に応募が見込めるのは1事業者のみ

大事なポイントは下線を付して強調する

3　今後の対応

　応募が1事業者では、公平な選定とは言い難いことから、複数の応募が必要である。このため、募集開始日以降に、①県外の社会福祉法人（約50法人を想定）へ募集要項と施設パンフレットの送付、②ホームページへの募集要項掲載、③市内障害者施設運営事業者への再度の意向確認を行うこととしたい。

状況報告だけでなく、明らかになった課題や問題点への対応について付記

保育園事故の報告書

POINT 時系列・主体別の表にする

◎複数の当事者の動きが時系列で理解できる

　保育園で事故が発生し、それに伴い保育園、市の保育課などが、時間の経過とともにどのようなことを行ったのかを示した報告書です。

　このように複数の当事者がいる、時間の経過とともに状況が変化するようなものを報告する場合は、このような表にするとわかりやすくなります。「誰が、いつ、何をしたか」が明確になり、「保育園から連絡があり、保育課の係長が課長に連絡をした」のように、因果関係・前後関係などがわかるからです。なお、このように関係する2つを強調したい場合には、矢印でつなげておくことも効果的です。

◎「その他」には参考情報などを記載する

　また、「その他」の欄を設け、参考となる情報や、読み手の理解を補足する内容をまとめておくと、よりわかりやすくなります。同様に、吹き出しなどを活用してもかまいませんが、あまりに吹き出しが多いと、かえって読みにくくなるので注意が必要です。

　なお、この事故報告書でも「今後の対応」は必須です。事故の処理がすべて終わり、この後に何もすることがなければ必要ありませんが、途中経過の報告書であれば、必ず何かしらの対応は必要となるはずです。このため、今後の対応についても簡潔に整理し、関係者の認識を共有しておくことが必要です。

事故報告書のポイント

令和○年7月3日
保育課管理係

○○保育園の天井崩落について

1　これまでの経緯

> 経緯を説明するにあたり、時系列・主体別のような表にすると見やすい。また、それぞれの関係などもはっきりする

	6月29日 （土）	30日 （日）	7月1日 （月）	2日 （火）
出来事	9時30分頃、ホール天井が一部崩落。園児1名が軽い怪我。	保育園休園日		
保育園	怪我した園児を通院させるも軽傷との診断。保護者に事情説明し、納得を得る。ホール使用中止として張り紙掲示。		事故について全保護者へ通知。ホールで実施予定だった七夕まつりは、体育室で実施することに。	複数の保護者から、「保育室などは大丈夫なのか」との意見。今後検討する旨を回答し、保育課へ連絡。
保育課	園長から管理係長に、管理係長から課長に電話連絡。週明けに対応することとした。		保育課と営繕課職員で園訪問し、天井確認。業者へ修繕依頼。メールで、他保育園に事故を報告し、注意喚起。	保育園からの連絡を受け、今後の対応について営繕課と共に協議。
その他	崩落した天井から排管等が見えるが、特に落下物はなさそうな見込み。		課長から市長等の首脳部へ報告。適宜状況報告するようにと指示あり。	

> 保護者等に安心してもらうため、点検が必要だと判断

2　今後の対応について

> 補足すべき内容などは吹き出しで表記する

これまでの経緯を踏まえ、今後対応を以下のとおりとしたい。
①営繕課と保育課職員による全保育園の緊急点検（7月4日〜10日）
②上記点検について全保護者へ周知
なお、幼稚園や認定こども園などへの影響についても検討が必要。

> 状況報告だけでなく、明らかになった課題や問題点への対応について付記

施設の課題と今後の対応方針

POINT　根拠をもとに課題を指摘し、今後の対応を提示する

◎資料から課題を導く資料解釈

　施設（スポーツセンター）の利用状況の課題を指摘して、今後の対応案を提示する文書です。

　担当者が事業の課題・問題点を明確にした上で、今後の対応案を上司に報告することはよくあることです。その場合、大事なことは、根拠資料を示した上で、論理的に課題を指摘することです。この例では、人口とスポーツ施設の利用回数の推移を比較した上で、「人口減少のスピード以上に、施設の利用回数が減少している」という事実を指摘しています。

　このように、「この資料から何が読み取れるか」を見つけるスキルは、効果的な資料を作成するために不可欠です。公務員採用試験の「資料解釈」の問題とも言えます。慣れないうちは、なかなか使いこなすのは難しいかもしれませんが、ぜひ養っておきたいスキルです。

　また、見方を変えれば「自分が導きたい結論のために、どのような資料を用いるか」という視点も大事と言えます。

◎今後の対応は複数案を提示する

　課題が明確になったら、解決策（今後の対応）を考えることも重要です。これは、書き手の視点から複数案を考えて提示します。解決策が１つだけということもありますが、複数案を比較検討したほうが説得力も高まります。その上で、１案のみ実施するのか、複数案を実施するのかを検討します。

令和○年 8 月 7 日
スポーツ課管理係

スポーツセンター利用向上に向けた取組みについて

1　課　題

　　近年、スポーツセンター（SC）利用回数が減少傾向にあり、議会等からも指摘されている。

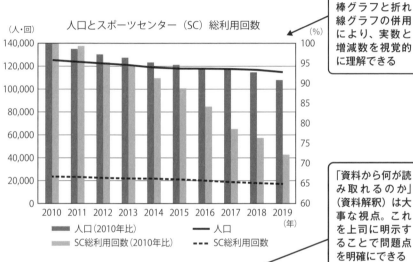

人口とスポーツセンター（SC）総利用回数

> 棒グラフと折れ線グラフの併用により、実数と増減数を視覚的に理解できる

> 「資料から何が読み取れるのか」（資料解釈）は大事な視点。これを上司に明示することで問題点を明確にできる

　上記のデータから、次の点が指摘できる。

①人口推移と SC 総利用回数を比較すると、共に微減傾向である（折れ線グラフ）

②しかし、2010 年を 100％として当該年度の割合（％）を見ると、人口の減少率以上に SC 総利用回数が減少していることがわかる（棒グラフ）

　　⇒　人口の減少率以上に、スポーツセンターの利用回数は減少している

2　今後の対応　← 問題点への対応策を提示し、上司との議論のたたき台とする

　　以上のことから、SC の利用向上に向けた取組みが必要となる。具体案としては、以下のようなものが想定できる。

①スポーツサークル等への個別の周知

②昼間の SC 利用の中心となる高齢者や主婦層への周知（福祉会館や商業施設等）

③SC 事業である各種スポーツ教室の見直し

研修事業の効果分析

POINT ポートフォリオで事業を比較する

◎2軸で面をつくり、情報を4つに分類する

　研修係が実施する複数の研修について、「受講者数」と「受講者満足度」の2軸により位置づけを明確にし、その上で課題を見つけて見直し案を提示する文書です。

　ポートフォリオとは、「携帯用書類入れ」を意味する英語ですが、図表として活用する場合には、縦軸と横軸の2軸で面を4つに区切り、その中に情報を分類するものを言います。この例のように、各研修をポートフォリオに配置すると、「受講者も少なく、満足度の低い研修」など、課題が明確になります。

　ポイントは、何を2軸にするかです。この例であれば、他に「経費」「職員要望」などの視点も考えられます。書き手がどのような結論を導きたいかで、このポートフォリオの作成方法も変わってきます。

◎新たな情報を加える方法もある

　この例では、それぞれの研修を示すアイコン（楕円の表示）はどれも同じ大きさになっています。しかし、経費の大きいものを大きなアイコン、経費の小さいものは小さいアイコンにすると、「受講者数」「受講者満足度」以外の「経費」という情報を加えることができます。

　ただし、アイコンの大きさがバラバラになってしまい、読み手にとってかえってわかりにくい資料になっては本末転倒ですから、活用する場合には注意が必要です。

事業を分析する文書のポイント

令和○年 8 月 30 日
人 事 課 研 修 係

選択型研修メニューの見直しについて

1 概　要

　現在、主任・係長層を対象としている選択型研修（複数の研修メニューから1つ以上を選択）について、①受講者数が少ない、②受講者の満足度が低い、などの課題がある研修メニューがある。このため、来年度の予算要求を前に見直しを行いたい。

2 現選択型研修メニューの位置づけ

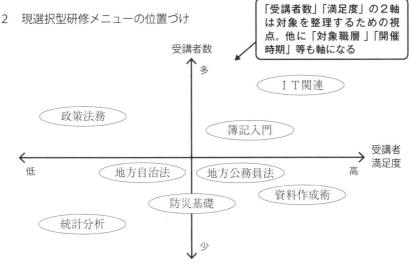

> 「受講者数」「満足度」の2軸は対象を整理するための視点。他に「対象職層」「開催時期」等も軸になる

3 見直し案

　上記のポートフォリオを踏まえ、来年度の予算要求にあたり、以下の方針としたい。
①受講者も少なく、満足度も低い「統計分析」は廃止し、他のメニューを検討
②ある程度の受講者数がいるものの、満足度の低い「政策法務」については講師を変更する（大学教員から自治体の実務担当者へ変更）
③受講者も多く、満足度も高い「ＩＴ関連」については開催日数を増やす

> このように見直し案を文章で示すだけでなく、見直し後のものを同じポートフォリオで示して対比する方法もある

事業内容変更の提案書

POINT データを活用して、根拠を示す

◎根拠データは正確に

　事業の見直し案を提案する文書です。この例は、防災課の自主防災組織の担当者が、上司に見直し案を示している文書です。

　まず、「1　概要」で見直す理由について説明します。そもそもなぜ事業を見直す必要があるのかは、大事なポイントです。事業実績などデータを活用して、根拠を明確に示します。

　このような見直し提案の資料は1枚でまとめることが多いため、仮に詳細なデータが必要であれば、別紙にグラフや表を掲載したり、別途データだけをまとめた資料を作成したりすることもあります。このデータが不正確では、見直しの必要性そのものに疑念が生じてしまいますので、注意が必要です。

◎見直し案は多角的な視点で検証する

　「見直し案」は、現行のものと対比してその違いを明確にすることが重要です。まだ案の段階だからと言って、詳細が詰まっていないと、上司は資料の甘さを指摘するでしょう。担当者としては、見直し案のメリット・デメリット、住民や他部署への影響など、多角的な視点で検証しながら、「見直し案の考え方」を整理します。

　なお、見直し案を複数提示することもあります。この場合は、案に優劣をつけ、担当者として最も強く推薦するものを決めておく必要があります（**3-10**参照）。

令和○年7月1日
防災課防災係

自主防災組織への補助金の見直しについて

本資料とは別に「活動実績」のようなデータ集を作成することもある

1　概　要

　近年、市内の自主防災組織の構成員の高齢化に伴い、自主防災組織の活動が停滞気味との指摘がなされている。特に一部の団体では、自主防災組織による防災訓練を休止している例もある（平成□年度9団体、平成△年度6団体）。

　そこで、防災訓練の活性化を図るため、訓練実施時に自主防災組織に支給している補助金について見直しを行いたい。

2　見直し案

見直し案を提示する場合は、現行と対比させて違いを明確にする。「新旧対照表」を用いる場合もある

（現行）
　防災訓練を実施した自主防災組織に対して、訓練実施後一律2万円を支給
（見直し案）
　防災訓練参加者数により支給金額に段階を設ける

＜参加者数＞	10 ～ 20人	5千円
	21 ～ 30人	1万円
	31 ～ 50人	2万円
	51人以上	4万円

参加者数の確認方法については、自主申告もしくは職員による確認が考えられる

3　見直し案の考え方

(1)　防災訓練の実施、または参加者数増のインセンティブになる

　現在、参加者数が50人前後の訓練が多いが、自主防災組織は51人以上を確保すれば、補助金が現行の2倍の4万円になるため、大きなインセンティブになる。

(2)　現行の予算額の範囲内で対応できる

　現在、訓練を中止もしくは実施していない自主防災組織が多いため、本事業については毎年100万円が不用額になっている（実施団体は6割）。このため、仮に実施率が8割となっても、現行の予算額の範囲内で対応が可能となる。

(3)　現在訓練を実施している自主防災組織で減額となる団体が少ない

　例年訓練を実施しており、支給額が減額（5千円または1万円）される団体は、5団体程度と少ない。自主防災組織のリーダー会等で丁寧な説明は必要であるが、一定の理解を得られると考えられる。

想定問答集1（課題別整理型）

POINT ポイントが一目でわかるように書く

◎管理職などがすぐに該当箇所を見つけられることが大事

　想定問答集は、管理職が議会答弁で活用したり、担当者が住民説明会での質疑応答の際に用いたりする文書です。想定問答集に決まったフォーマットはありませんが、この課題別整理型と**3-7**で説明する一問一答型の2つが多く用いられます。

　課題別整理型の場合、きちんとポイントが整理されており、質問を受けた管理職などが質問に対応した該当箇所をすぐに見つけられることが大事です。右の例であれば、議員から「待機児童数の推移は？」「今後はどのように対応していくのか」などの質問があった場合に、この想定問答集に基づき、すぐに答えることができます。

　このためには、①問いを簡潔な文にする、②見出しをゴシックにする、③表を活用する、④箇条書きにするなどの工夫が必要です。当然ながら、この想定問答集が長い文章で書かれていては、質問に対応した該当箇所をすぐに見つけることは困難です。あくまで、短時間で見つけられることが大事です。

◎使う人の視点で作成する

　想定問答集は、それを使う人の立場になって作成することが大事です。例えば、実際に議会で答弁するのは管理職ですから、課長や部長がどのように整理・記述されていればわかりやすいのかを、作成前に確認しておく必要があります。

令和○年度当初予算の想定問答

【問1】
　本市の保育待機児童の現状と対策は？

> 問いは一目で内容がわかる
> ように簡潔明瞭に表記する

1　待機児童数の推移

年度	2018	2017	2016	2015	2014
待機児童数	215	195	205	145	125
前年度比	20	△10	60	20	―

2　これまでの待機児童対策

　⑴　保育施設の整備

年度	2018	2017	2016	2015	2014
施設整備	5	5	0	1	0
施設累計	96	91	86	86	85

　⑵　定員枠の拡大
　　　・既存園において、2017年度10名、2016年度に15名の定員を拡大
　⑶　公立幼稚園での一時保育の実施
　　　・公立幼稚園の余裕スペースを活用し、一時保育を実施
　　　・利用状況…2018年度は延べ150名の利用
　⑷　認可外保育施設利用者の保護者負担軽減事業
　　　・認可外保育施設を利用する世帯の保護者に対して、保育料の一部を補
　　助（補助額は、世帯の収入により異なる）

> 議員の質問に対して、上司が該当箇所を
> すぐに見つけられるように、見出しを付
> け、できるだけ箇条書き・短文にする

3　今後の対応
　⑴　県有地の活用
　　　○○県ＨＰの「○○県・県有地情報」記載の県有地の活用について検討
　⑵　保育コンシェルジュの設置
　　　待機児童となった世帯について、個別相談に対応するため、保育課窓口
　　に保育コンシェルジュを設置
　⑶　保育人材の確保策
　　　保育人材の確保が困難なため事業者が運営を断念する例があることか
　　ら、家賃補助などの方策について検討

想定問答集2（一問一答型）

POINT 長文は禁物。問いも答えも簡潔に表現する

◎住民説明会での資料などで活用される

　一問一答型の想定問答集は、**3-6** で説明した課題別整理型と同様に、管理職の議会答弁用として用いられることもありますが、住民説明会の資料などでも活用されることがあります。

　ネット上で目にする「よくある質問」「ＦＡＱ」のページと同様です。つまり、多くの人が疑問に思う事柄をまとめて整理しておき、事業などへの理解を深めてもらうための一助にするのです。

　このため、この一問一答型は、見やすくわかりやすいことが重要です。回答が長文で説明されていたり、回答に直接関係のない内容が含まれていたりするのは不可です。あくまで、読み手がすぐに理解できるように端的に書きましょう。

◎総論から各論へと問いを並べる

　また、一問一答型の場合は、読み進めるにつれて、読み手の理解が深まることが重要です。そのため、問いの順番がとても大切です。基本的には、総論から各論へ、大きな内容から細かい内容へと問いを並べることが有効です。

　そこで、場合によっては「1　補正予算の概要」「2　高齢者熱中症対策事業」のように、まずは補正予算の全体像を説明し、次に、補正予算の対象である高齢者熱中症対策事業について説明するように項目を分類して想定問答を作成することもあります。

想定問答集（一問一答型）のポイント

令和○年度補正予算（１号）の想定問答

1	【質問】 今回、補正予算を計上する理由は何か？ 【回答】 ①年度内に緊急的に実施する事業がある ②当初予算編成後の理由に基づき、補正を要する事業がある

> 一問一答形式の場合は、できるだけ簡潔な表現、箇条書きを原則とする

2	【質問】 今回の補正予算における歳入の内容は？ 【回答】 ①国庫支出金　　　3,000 万 ②県支出金　　　　2,000 万 ③繰入金　　1 億 1,000 万　　計 1 億 6,000 万
3	【質問】 今回の補正予算における歳出の内容は？ 【回答】 ①高齢者熱中症対策緊急事業　　　4,000 万 ②幼稚園冷房化事業　　　1 億 1,000 万 ③国・県支出金返納金　　　1,000 万　　計 1 億 6,000 万
4	【質問】 高齢者熱中症対策事業の内容は？ また、なぜ補正で予算を計上することとなったのか？ 【回答】 昨今の猛暑に伴い、高齢者の熱中症を防ぐため、福祉会館、老人福祉センターなどの高齢者施設全体の冷房化と冷水器を設置するもの。今年度の県の当初予算に計上されたため、市では補正予算として計上する必要がある。

> 文章になってしまう場合も、できるだけ短文にする

5	【質問】 高齢者熱中症対策事業の対象となる高齢者施設は、市内にいくつあるのか？ 【回答】 福祉会館　　　　　　　21 か所 老人福祉センター　　　12 か所 地域包括支援センター　10 か所　　計 43 か所

事務分掌（組織）変更の提案書

POINT 変更前後の組織図を対比する

◎変更の前後を明確にする

　組織及び事務分掌の見直しを検討するための文書です。この例では、係を増やし、事務分掌を変更することを提案しています。

　主任級などでは、こうした組織の見直しを提案する文書を作成することは稀かもしれませんが、係内の事務分掌の見直しや、プロジェクトチームの設置などによる庁内組織の再編、または自治体と関係団体の役割の見直しなどでも活用できます。

　資料の基本は「結論先出し」（ 1-3 参照）ですが、組織や事務分掌を見直す場合は、前提となる理由が重要になるため、先に冒頭で明記します。また、見直し案は現行と対比し、現在の事務分掌がどう変わるのかを明記することが必要です。見直し後の組織図だけでは、どこがどのように変わるのかがわからないため、読み手がイメージできるよう工夫します。

　係の増設に伴い、係員の人数変更などがある場合は、これも併記します。資料の読み手は、ここから人数だけでなく、実際に誰を異動させようとしているのかも読み取れるからです。

◎課題も共有してもらう

　見直しに伴う課題を共有してもらうことも重要です。関係者全員が見直し案に同意したとしても、それで終わりではありません。今後、他部署との調整などを要するため、こうした課題についても共有してもらうことが大事です。

令和○年 8 月 9 日
企 画 課 企 画 係

事務分掌（組織）見直しについて

1　見直しの必要性

　　現在、企画課では中長期計画、行政改革、指定管理者の他、部の庶務担当課の業務など、業務範囲が多岐にわたっている。しかし、住民や職員から「組織がわかりにくい」「どこに問い合わせてよいかわからない」などの指摘があることから、組織の見直しが求められている。

> 組織の見直しでは、組織人員と所掌事務がどのように変わるかをわかりやすく示すことが大事

2　見直し案 ◀

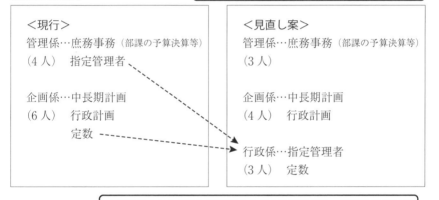

<現行>
管理係…庶務事務（部課の予算決算等）
（4人）　指定管理者

企画係…中長期計画
（6人）　行政計画
　　　　定数

<見直し案>
管理係…庶務事務（部課の予算決算等）
（3人）

企画係…中長期計画
（4人）　行政計画

行政係…指定管理者
（3人）　定数

> なぜそのような見直し案を考えたのかを整理する。組織の見直しでは住民のメリットと実務上のメリットを明らかにする必要がある

<考え方>

　1　指定管理者導入施設の増加に伴い、組織の定数が大きく変わっている。指定管理者業務と定数は密接に関連することから、行政係を新たに設置する。
　2　企画課では、直接住民からの問い合わせは少ないが、住民からの問い合わせの多くは指定管理者にかかるもの（導入予定や指定管理者の募集予定など）であり、対住民窓口を集約できる。

3　課題等

　　見直し案では、企画課の定数増は必要ないが、新たに係長を設置する。現行、係長（対象者）が少ない中で、実際に設置可能かは人事課と協議する必要がある。

新規事業の提案 1

POINT 事業内容は５Ｗ１Ｈを意識し、デメリットも隠さず書く

◎あえて提案理由を書かないこともある

新規事業を提案する文書です。この例は、係内で検討するため、もしくは課長に提案するための資料です。

この資料では、「事業の必要性」や「事業実施の理由」はありません。読み手である係員や課長は「認知症高齢者対策は必要」ということは既に理解している前提なので、あえて書く必要はないからです。

そうした必要性の提示よりも、読み手にすぐに提案内容を理解してもらうことが大事です。そこで、冒頭で簡潔に事業の概要を説明して、まず全体像の理解を促します。

その上で、具体的な事業内容について説明します。冒頭の概要を読めば、「経費はいくら？」「他の自治体の状況は？」など、読み手の頭の中には疑問が浮かびます。これらに対応するため、5W1H（ 2-4 参照）を意識して、「2　事業内容」をまとめています。

◎メリット・デメリットは明確に

新規事業を実施するにあたっては、メリット・デメリットを明確にすることが重要です。それぞれについて、読み手にわかりやすいように箇条書きで整理します。

デメリットも包み隠さず、想定されることを書いておいたほうが無難です。関係者でデメリットを確認することで、リスクを共有してもらうという側面もあるからです。

令和〇年 7 月 9 日

福祉課 近藤

新規事業（認知症高齢者支援事業）の提案について

> 事業の大まかな内容を冒頭に書くことで、読み手に大枠を理解してもらう

1 概 要

民間ＧＰＳサービスの端末を、地域包括支援センターに各 4 台配備する経費を令和〇年度予算に要求を行う。認知症高齢者の介護者に端末を 1 か月貸与する制度を構築し、徘徊者の早期発見につなげる。住民の費用負担はなし。

なお、継続して使用したい場合は、介護者が別途に事業者と個別契約を行う。

2 事業内容 ◀ 具体的な内容を記載

(1) 利用方法
- 地域包括支援センターが民間ＧＰＳサービス端末を希望者に貸出
- 介護者は、徘徊のおそれのある高齢者の靴などに端末を設置
- 徘徊者を早期発見できる（実績として、20 分以内で発見可能）

(2) 要求額
委託料　1,938 千円（地域包括支援センター 20 か所に各 4 台）

(3) 他市の実施状況
県内で実施している自治体はなし（県内初）

3 メリットとデメリット

> 新規事業の提案では、メリット・デメリットを整理する。デメリットを明確にすることで、関係者にもリスクを共有してもらうという側面もある

(1) メリット
- 徘徊高齢者の早期発見につながる（市内の徘徊高齢者は約 100 人。徘徊発見には、通常 2 時間を要している）
- 地域住民との模擬訓練実施により、認知症への意識啓発向上
- 地域包括支援センターの徘徊者発見ネットワーク構築につながる
- 県内初であり、マスコミ効果が期待できる

(2) デメリット
- あくまで 1 か月間の貸与なので、その後の個別契約に結び付かない可能性がある（すぐに効果を感じられない）
- 地域包括支援センターの協力がないと、早期発見に結び付かない可能性がある

3-10 ［複数案を示す］

新規事業の提案２

POINT 複数案を提示し、恣意的な判断はせずに優劣を付ける

◎決定的な案がない場合などは、複数の案を比較する

3-9 と同様に、新規事業を提案する文書で、係内で検討した後、課長に提案するための資料です。ここでは複数案を提示し、その中から書き手が推薦する案を明示しています。

課題解決のため、新規事業を行う必要があるものの、１案に絞り込めないこともあります。決定的な案がないため、複数の案を比較検討するような場合です。この例にあるように、複数案をいくつかの評価項目で比較検討することになりますが、あまり似通った案では比較する意味がありません。

そこで、比較にあたっては、それぞれのメリット・デメリットを明確にすることはもちろんのこと、経費も必ず書きます。どんなに優れた案だとしても、高額の経費が必要では実現可能性が低くなるからです。

◎恣意的な判断は不可

メリット・デメリット、経費などを比較した上で、担当者としてどの案を推薦するのかを明確にする必要があります。複数の案を並べただけで、判断は課長にお任せでは、当事者意識に欠けてしまいます。

なお、恣意的な判断は避けなければなりません。例では、メリット・デメリットなどから案２を選択することは理解できますが、いずれの案もあまり差がないときは、選んだ案の理由を記述する必要があります。

複数案を提案する文書のポイント

令和○年7月9日
防災課災害対策係

防災意識向上のための新規事業の提案について

1　提案の目的

　　県民意識調査（令和○年6月）によると、この3年間で県民の非常用食糧の備蓄率の低下、防災訓練参加者数の減少などの結果が見られる（別紙1参照）。南海トラフ地震など大地震時への対応が求められる本県においては、県民の防災意識の向上が必須である。

　　そこで、防災意識向上のための新規事業（案）について提案する。

2　事業の検討

複数案を比較する場合は、表にすると一目瞭然となる

　　現在実施している事業、効果、経費等を踏まえ、以下の3案を検討した。
（各案の詳細については、別紙2参照）

	案1	案2	案3
事業概要	講演会の実施	啓発DVDの作成	新たな防災訓練の実施
経費見込	50万円	250万円	350万円
メリット	経費が安い	視覚に訴えることができ、またHPに保存できる	関係機関も含め、参加者が多い
デメリット	1回では参加者も限られ、効果に疑問	内容によっては1回で飽きられてしまう	既存訓練との違いが明確でない
係の評価	△	○	×

⇒　案2を実施したい

資料作成者が評価を行う場合は、単に○、△、×でなく、各項目を点数化して合計点で比較する方法もある

複数案を提示する場合は、必ず資料作成者の意向を付記しておく

3　その他

　　予算要求締切日は9月1日となっていることから、8月21日までに課として新規事業について決定したい。

第4章

ロジカルに説明・説得できる

庁内向け資料の
サンプル

会議次第

POINT 会議の概要が一目でわかるように書く

◎終了予定時刻も明記する

　庁内における会議の次第です。出席者が同じ部署の職員だけの場合は、このような会議次第を作成しないこともあります。しかし、他部署の職員が加わる会議や、学識経験者や公募住民などが会議の構成員に含まれている会議では作成するのが一般的です。

　この例では、職員以外も会議の構成員となっている委員会を想定しています。ポイントの1つは、会議の終了予定時刻を明記している点です。医師などは会議終了後に午後の問診を行うことがあり、非常に時間を気にします。このため、終了予定時刻を明記しておくと親切ですし、会議出席者が会議の進行に注意するようになります。

◎後で見返しても会議の概要がわかるようにする

　議題については、後で見返した場合でも何を話し合ったかがわかるように明確にしておきます。会議などでは、2つの議題を一括に話し合うこともありますが、会議次第ではあくまで別個に表記します。

　また、配付資料についても明記しておきます。これも、後で見返したときに、何の資料を使って話し合ったかがわかるためです。また、会議の冒頭で担当者が出席者に対して資料の配付漏れがないか確認することがあります。このように会議次第に資料名を明記しておけば、出席者は次第を見ながら確認することができます。

　会議次第は、後で見返したときに会議の概要がわかるものであることが大事になります。

令和○年度第1回地域包括ケア計画庁内検討委員会

日　時：令和○年7月23日（火）13:00 ～ 14:00
場　所：庁舎101会議室

> 日時、場所は後で資料を見直すときにも有効。また、終了時刻を記載することで、出席者が会議の進行に注意するようになる

1　開会

2　議題
　⑴　地域包括ケア計画の概要について
　⑵　他自治体の状況について
　⑶　高齢者実態調査の結果について
　⑷　今後のスケジュールについて

3　事務局からの連絡事項

4　閉会

> 配付資料の一覧を掲載することで、出席者自身が資料の確認を行うことができる

【配付資料】
　　資料1　地域包括ケア計画の概要
　　資料2　県内における地域包括ケア計画の策定状況
　　資料3　高齢者実態調査の結果（概要版）
　　資料4　今後のスケジュール
　　資料5　事務局からの連絡事項
　　資料6　委員名簿・座席図

研修資料

POINT 大事なポイントは明記しつつ、十分な余白も設ける

◎余白が大事

　研修で配付するレジュメです。研修は内容により、受講者に配付する資料も変わってきます。

　この例は、自治体財政の研修の場合です。知識を教える研修ですが、レジュメに記載しているのは大事なポイントだけです。研修で話すことをすべて書いてしまうと、受講者はメモを取らなくなってしまい、かえって研修への参加意識が低下してしまうからです。適度な余白を設け、受講者がメモできるようにしましょう。

　また、簡潔にまとめることが求められるため、分量が増えてしまう内容は、資料別冊としてまとめます。この例では、「予算の原則」は別に添付することを想定しています。

　また、「主任の心構え」といった講話・訓示のような研修の場合は、より大まかな内容のみを書き、広い余白を設けます。受講生が考えたこと・感じたことを自由に書けるスペースを確保します。

◎研修に積極的に参加してもらうための工夫

　研修のレジュメでは、受講者を飽きさせず、積極的に研修に参加してもらうにはどうしたらよいかを意識することが大事です。

　そこで、レジュメ以外に別添資料集を配付することもあります。また、研修資料の構成を見開きにして左ページにレジュメ、右ページに参考資料を掲載するなど、受講者の関心を引く工夫をする場合もあります。

日　時：令和〇年 4 月 5 日（水）13:00〜14:00
場　所：第 1 庁舎 9 階　第 4 会議室

職層研修「自治体財政の基本」

財政課長　山田和彦

1　一般会計と特別会計　◀── ポイントとなる部分を簡潔に明記

一般会計…特別会計以外
特別会計…特定の事業を行うなど、特別の必要がある場合に一般会計
　　　　　から区分

2　会計年度

4 月 1 日から翌年の 3 月 31 日まで
出納整理期間…現金の収支を整理する期間（4 月 1 日から 5 月 31 日）

3　予算科目

款・項・目などの区分
例）第 1 款 総務費・第 1 項 総務管理費・第 1 目 一般管理費

4　予算の原則　◀── 「予算の原則」は 7 点あるため、レジュメに 記載すると分量が多くなってしまうので、資料別冊としてまとめる

7 つの原則（資料別冊参照）

5　地方自治法に定める予算とは

（略）

会議録（逐語版）

POINT 「発言の文言」と「発言の意図」がズレないように書く

◎言い間違いなどは訂正後の発言を掲載してかまわない

　会議の記録には2種類あり、1つは要約版（ **2-7** 参照）、もう1つはこの逐語版です。これは、基本的に発言をそのまま記録するものですが、いくつかポイントがあります。

　まずは、冒頭に会議概要を掲載する点です。概要は、要約版と同様に、日時、場所、出席者、議題、資料などを掲載します。これで、会議の全体像が把握できます。

　次に、逐語版の会議録では原則、出席者の発言をそのまま掲載します。ただし、言い間違えなど軽微な発言の訂正は、訂正後の文言を掲載してかまいません。言い間違えが会議の進行に影響を与えるような場合、例えば、出席者全員が誤解したまま議事が進行しているような場合は、訂正せずにそのまま掲載することもあります。

◎発言の意図が明確になるように、発言を修正することもある

　この逐語版会議録の場合、困るのは発言が2つ以上の意味に解釈できるものです。例えば、「教育長は一般職だ」との発言に対し、「間違いじゃない」と発言があったとします。この場合、文字だけだと「一般職は間違いだ」と「一般職で間違いない」という2つの解釈ができます。

　会議に出席していれば発言の意図は理解できるものの、発言の文言である文字だけでは判断できません。このため、「（一般職は）間違いではないか」のように、意味がわかるように修正することが必要です。

令和○年度　第1回人材育成計画策定委員会記録

1　会議概要

日　　時	令和○年8月13日（火）14:00 ～ 15:20
場　　所	庁舎第304会議室
出席者	大沼人事課長、小沢人事係長、杉本研修係長、中田給与係長、佐方主任、木田主任、米村主事
欠席者	五十嵐主事
議　　題	1　人材育成計画について 2　今後のスケジュールについて
資　　料	資料1　人材育成計画とは 資料2　人材育成計画の制定状況 資料3　今後のスケジュール 資料4　○○市人材育成計画（概要）

2　会議録

> 出席者の発言内容が重要となる逐語版の場合でも、冒頭には日時、場所、出席者などの会議の概要を掲載する

（人事課長）これから、第1回人材育成計画策定委員会を開会します。人材育成計画については、皆さんご存知のとおり、平成25年に策定していますが、それから5年以上経過して、市政の状況も大きく変化しています。このため、先月、総務部長から「そろそろ見直しが必要ではないか」との話があり、急遽、検討委員会を立ち上げ、検討することとなりました。本日は第1回の検討委員会となりますが、これまでの経緯等についても詳しくご説明したいと思います。それでは、早速ですが、「議題1　人材育成計画について」を議題とします。杉本研修係長から、説明をお願いいたします。

（研修係長）はい、それでは、私から説明します。資料1をお開き願います。人材育成計画については……（略）

> 発言はそのまま掲載するのが原則。ただし、そのままでは伝わらない場合があるときには、発言の意図を意識する。例えば、「間違いじゃない」は「間違いなのでは」とも、「間違っていない」とも解釈できるので注意

職員提案制度の周知文書

POINT 下線・太字・斜体等を使い分けて、文書の一部を強調する

◎読み手に興味を持たせるために、効果的に強調する

　職員提案を募集する文書です。こうした募集を呼びかける文書では、いかに読み手に興味を持ってもらうかがポイントになります。下線・太字・斜体等を使い分けて文書の一部を強調します。

　ただ、強調箇所が多すぎるとかえって読みにくくなり、読み手の読む気を失わせてしまうので、注意が必要です。あくまで一部に用いて、効果的に見せましょう。

　基本的な使い方としては、①タイトル・項目はゴシック、その他は明朝にする、②強調したい英字には斜体を使う、③短い用語・フレーズを強調する際には太字を使う、④長い文を強調する際には下線を用いる、があります。

　ただし、これらはあくまで基本ですので、実際には文書全体を見ながら調整することが必要です。

◎吹き出し、イラストなどの活用

　強調の方法として、上記以外には吹き出しを用いる、イラスト・写真を使うなどの方法もあります。

　大事なことは、いかに読み手の関心を引くかにあります。しかし、あまりこうしたテクニックに凝りすぎて、作成に多くの時間を要するのは問題ですので、注意が必要です。

職　員　各　位

令和○年 4 月 12 日
企 画 部 企 画 課

令和○年度・職員提案募集のお知らせ

　職員の柔軟な発想や日常の事務改善を職務に反映することで、更なる市民サービスの向上を図ろうとする職員提案制度を今年度も実施します。今年度の募集内容は、下記のとおりとなっていますので、奮ってご応募ください。

1　テーマ
　(1)　新規事業提案
　　これまで実施していない新たな事業を提案するもの。
　　特に、今年は新たな本市のキャッチフレーズ　*"Happy City！！ ○○市！"*
　に関連する提案・事業を歓迎します。
　(2)　事務改善提案
　　既存の事業や事務について改善を提案するもの

> 英字を強調する際には、斜字を用いると効果的

2　応募方法等

> 長い文を強調する際には下線を用いる

　(1)　応募方法
　　全庁フォルダの企画課フォルダからファイルをコピーして、応募用紙に必要事項を入力し、企画課宛にメールで送付ください。(特に、事業効果、必要経費については詳しくご記載ください)。なお、別添資料がある場合は、応募用紙と併せて送付してください。
　(2)　締切

> 短い用語・フレーズを強調する際は太字を用いる

　　6 月 12 日（水）17 時到着分まで
　(3)　審査・表彰
　　応募提案については、職員提案制度委員会で審査の上、優秀作品については、表彰を行います。
　(4)　問い合わせ
　　企画課・吉田まで、お気軽にお問い合わせください。

【担当】
企画課　吉田（内線 2112）

昇任選考実施結果

POINT 数式を用いて表内の関係を明確にする

◎言葉で説明しなくても、数式で関係を明確にする

　主任職昇任選考の実施状況を1つの表にまとめた文書です。

　表の左側は試験の種別と職種で区分しています。右側は、有資格者数、申込者数、受験者数、合格者数となっており、「有資格者数は何人か、そのうち申し込んだ人数は何人で、率としてはどのくらいか」を示しています。有資格者（A）のうち申込者数（B）を示すことで、申込率（B／A）が判明します。

　数式があるおかげで、それぞれの率が何を示しているのか明確にしてくれるので、読み手はストーリーのようにそれぞれの関係を理解できるのです。いちいち言葉で説明しなくても、表の構成が一目瞭然になります。このように読み手に資料の解釈を求める場合は、数式を用いると便利です。

◎住民アンケート結果などで活用できる

　こうした数式を用いる資料は、データとして数値を使っているものです。具体的には、住民アンケート調査結果、施設整備に伴うイニシャルコスト・ランニングコストなどの収支計画、予算額・決算額における収入率・執行率など、いろいろあります。

　いずれの場合も、読み手にとってわかりやすいことが最も重要です。数式が複雑になりすぎて、かえって理解が困難になるような場合は、表を2つにするなどの工夫が必要です。

令和○年 11 月 12 日
人 事 部 人 事 課

令和○年度 主任職昇任選考・実施状況

申込者のうち、実際に
受験した割合

有資格者のうち、選考に
申し込んだ割合

受験者のうち、実際に
合格した割合

種別	職種	有資格者	申込		受験		合格	
			申込者	申込率	受験者	受験率	合格者	合格率
種別	職種	A	B	B/A	C	C/B	D	D/C
短期 A	事務系	263	258	98.1%	257	99.6%	35	13.6%
	福祉系	142	125	88.0%	120	96.0%	18	15.0%
	一般技術系	42	38	90.5%	36	94.7%	9	25.0%
	医療技術系	22	22	100.0%	21	95.5%	6	28.6%
	小計	469	443	94.5%	434	98.0%	68	15.7%
短期 B	事務系	65	60	92.3%	58	96.7%	30	51.7%
	福祉系	40	38	95.0%	36	94.7%	19	52.8%
	一般技術系	12	11	91.7%	11	100.0%	8	72.7%
	医療技術系	6	6	100.0%	6	100.0%	5	83.3%
	小計	123	115	93.5%	111	96.5%	62	55.9%
長期	事務系	5	1	20.0%	1	100.0%	1	100.0%
	福祉系	3	1	33.3%	1	100.0%	1	100.0%
	小計	8	2	25.0%	2	100.0%	2	100.0%
	合計	600	560	93.3%	547	97.7%	132	24.1%

第**4**章 ● 庁内向け資料のサンプル

予算要求資料1（演繹法）

POINT 法則・ルール＋観察事項＝結論

◎法則に観察事項を当てはめて結論を導く

　新たな研修を実施するため、財政課に予算を要求するための資料です。予算要求資料は、財政課に「確かにこの事業（予算）は必要だ」と認めてもらうための資料ですから、論理的な説明が求められます。ここでは演繹法を用いています。

　演繹法は三段論法とも言われ、例えば「人間は必ず死ぬ」との法則・ルールに、「ソクラテスは人間だ」との観察事項を当てはめ、「ソクラテスは必ず死ぬ」という結論を導くものです。この例では、管理職がその職責を十分に果たせていないことから、議会答弁の研修が必要だとの結論を出しています。

　要約すれば「管理職の答弁が十分でないから、研修が必要だ」というだけの内容なのですが、このように法則・ルール、観察事項、結論のように説明すると、論理的な構成となり、説得力が高まります。

◎使い方によって非常識な結論になってしまう

　ただし、この演繹法は万能ではないので注意が必要です。例えば、「行政は効率的な運営が必要だ」（法則・ルール）＋「保育園整備の費用が増大している」（観察事項）→「保育園を廃止する」（結論）としては、おかしな結論になってしまいます。

　このため、演繹法を用いて資料を作成した後、非常識な結論になっていないか、しっかりと検証する必要があります。

演繹法による予算要求書のポイント

令和○年 8 月 30 日
人 事 課 研 修 係

管理職研修「議会答弁の技術」の試行実施について

1 概　要

　庁議において市長から、「6月議会で、管理職による不用意な答弁が見受けられた」などの指摘を受けた。また、議会からも管理職の議会答弁力の低下が指摘されている。そこで、来年度から管理職研修の1つとして、「議会答弁の技術」を新たに実施することとしたい。

2 研修の内容（案）

テ ー マ	議会答弁の技術
内　　容	議会答弁の位置づけ等の説明、及び答弁の実践演習
講　　師	民間事業者の講師、もしくは他自治体のベテラン管理職に直接依頼
実施日数	1 日（7 時間）／回 × 3 回
参加者数	15 人／回 × 3 回 = 45 人　※管理職のうち希望する者
経費見込	50 万円　※民間事業者に委託している○○市の例
そ の 他	本研修は令和○年度に試行実施し、次年度以降の実施については、研修効果等を検討した上で再度検討する

3 実施の必要性

> 法則・ルール・目指すべき状態

(1) あるべき管理職像

- 管理職は、職員の模範であることが求められる
- 住民や議会に対しては、正確で丁寧な説明（答弁）をすることが必須

(2) 現状

> 観察事項

- 庁議で市長から答弁について注意（「不用意な答弁が見受けられた」）
- 6 月の厚生委員会での答弁について、議員から問題視する発言があり、審議が一時中断する事態が発生
- 議会運営委員会で、執行機関の答弁が議題となった
- 一般職員から「想定問答集の作成を命じられるが、活用されていない」との声が出ている

(1)「あるべき管理職像」+ (2)「現状」⇒　管理職の議会答弁力の向上は急務

> 言い換えれば、「理想」と「現実」のギャップを埋めるために何をすべきかを明確にしている

予算要求資料２（帰納法）

POINT　複数の事例から共通点を見つける

◎複数の事例から共通点を見つけて結論を導く

　市立図書館が図書購入費の増額を求め、財政課に提出した予算要求資料の例です。

　この資料は帰納法を活用しています。帰納法とは「複数の事例から共通点を見つけて結論を導く」ものです。この例では、「どの図書館も住民からのリクエストに応えられていない。だから、図書購入費の増額が必要だ」という論理になっています。

　予算要求を行う場合、担当者が口頭で説明するよりも、このような実際の事例を資料にまとめたほうが説得力は高まります。また、こうした根拠資料があれば、財政課の査定官も財政課長に説明するときに活用することもできます。大事な説得材料になるわけです。

　このため、資料作成者である図書館の職員は、各図書館の実態を調べて資料にまとめる必要があります。

◎自分の主張のために、複数の事例を集める

　本来の帰納法は、上記のような使い方です。しかし、実際には「自分の主張したい内容に説得力を持たせるために、複数の事例を集める」という逆の使い方をすることもあります。

　例えば、議会事務局の職員が図書購入費増額を要求する場合、事前に各会派の意向を確認しておき、「増額は議会事務局の意向だけではなく、すべての会派から共通して求められている」などとすれば、説得力は高まります。

令和○年 8 月 30 日
A　図　書　館

令和○年度予算における図書購入費の増額について

1　概　要

　市内 5 か所の市立図書館では、毎年度、新刊等を購入し、市民の読書需要に対応している。しかし、昨今、市民からの新刊リクエストが多数寄せられるものの、予算額に上限があるため、対応できていない。このため、最近では「市長へのメール」や図書館宛の苦情も増加している。そこで、来年度は図書購入費を増額したい。

2　現　状 ◀ 対応できていない根拠を数字で示すことで、説得力が増す

　令和△年度における新刊リクエストとその対応状況は、以下のとおりである。

図書館名	新刊リクエスト X	対応不可件数 Y	対応不可率 Y／X	不足額 （千円）
A図書館	5,452	1,144	21.0%	1,372
B図書館	2,425	557	23.0%	669
C図書館	3,784	1,135	30.0%	1,362
D図書館	2,569	624	24.3%	748
E図書館	1,590	408	25.7%	489
計	15,820	3,868	24.5%	4,640

注 1　「新刊リクエスト」「対応不可件数」は、いずれも本のタイトルでカウントし、同タイトルは 1 件とした（なお、複数の図書館でリクエストがあった本については 1 か所の図書館のみでカウント）

　　2　「不足額」は対応不可となった本をすべて購入した場合の総額

すべての図書館で対応不可率が 20% を超えており、図書購入経費の増額は必要
（市民がリクエストする本の 5 冊に 1 冊以上は対応できていない）

3　予算要望

　図書購入費増額分　4,640 千円（令和△年度不足額相当）

この結論を導き出すために、A～Eすべての図書館で「新刊リクエストに応えられていない」という共通の問題点を抽出する

4　その他

　「市長へのメール」や図書館宛の苦情の状況は、別紙のとおり

第**4**章 ● 庁内向け資料のサンプル

予算要求資料３

POINT 他自治体の動向を調べて説得する

◎他自治体で導入している事例を調べる

この例は、他自治体の導入状況を根拠として、スクールロイヤー（学校弁護士）制度の予算を要求する資料です。

簡単に言えば「他の自治体でも実施しているので、うちの自治体でも導入する必要がある」ということです。首長視点で考えると、近隣自治体で実施しているにもかかわらず導入していないと、住民から批判される可能性があるため、財政課としても予算化を考えざるを得ないのです。

このため、他自治体の動向は大きな説得材料となります。

予算を要求する担当者としては、他自治体の担当者に実際に電話で導入状況などを確認して、メリット・デメリットや経費などを確認しておく必要があります。

◎検討中の自治体の例も説得材料になる

当然ながら、電話調査などを行うと、導入していない自治体もあるでしょう。この場合、「導入する予定はない」のか「検討中」なのかでは、大きく異なります。前者であれば予算要求の説得材料にはなりませんが、後者では「導入も検討している」ことから、財政課への説得に使うことができます。

この例で言えば、C市に該当します。こうした情報を「備考」にどのように表記するかが重要です。

令和○年 8 月 30 日
教育委員会指導課

スクールロイヤー（学校弁護士）制度の導入について

1　概　要

　令和△年度予算で、スクールロイヤー（学校弁護士）導入に要する経費を予算要求したい。スクールロイヤーは、公立小中学校・幼稚園において、いじめや保護者同士のトラブル、教員に対する理不尽な要求など、様々な課題に対して法的な側面から相談にのる弁護士である。これにより、問題の早期解決や事態の悪化防止が期待できる。

2　事業内容等

事業名（仮）	スクールロイヤー派遣事業
事業内容	学校で発生したいじめや保護者対応など、様々な問題に対して、法的な側面から学校がアドバイスを求めた場合に、委託契約した弁護士を派遣する。対象は、市立小中学校・幼稚園。
経費（見込）	240 万円（予定）

3　他自治体の導入状況等

> 多くの市で導入済・導入予定であることは予算化の説得材料となる

市　名	導入状況	備　考
A　市	導入済	平成○年度から既に導入済。○年度で 42 件の実績があるが、学校や保護者からも好評とのこと。
B　市	導入予定	令和△年度から導入予定だが、詳細は現在検討中。
C　市	検討中	検討中だが、令和△年度に予算化するかは全く白紙の状態。ただし、有効性は理解している。
D　市	導入済	今年度から導入。ある小学校で、長年懸案だった保護者トラブルで活用し、解決に至った事例あり。

⇒　導入済の自治体ではいずれも成果を上げており、またそれ以外の自治体でも導入が検討されている。本市でも導入すれば、学校や保護者の安心につながる効果が期待できる。

> 単に「他市でやっているから」だけでなく、自分の市で導入した場合のメリットについても付記すれば、より説得力が増す

4　その他

- 本市二定の市議会で、△△議員から導入について質問があり、「検討中」と答弁
- 現在、本市が抱える学校トラブルの状況については、別紙のとおり

予算要求資料4

POINT 縦横の行列形式の表（マトリックス図）に分類する

◎表にして問題点を明らかにする

　マトリックス図とは、縦横の行列形式の表のことです。表に整理することで不足部分を明らかにするなど、現状の問題点を示します。

　この例では、職層研修で主任層のアウトプットにあたる研修がないことから、実施の必要性を訴えています。こうした資料を財政課の職員が受け取れば、①そもそも主任層のアウトプット研修は必要なのか、②仮に実施するとした場合、内容や金額は妥当かを考えます。

　予算要求する立場としては、「各職層でアウトプット研修は実施する必要がある」「金額は他の研修内容と比較しても妥当だ」などの主張をする必要があります。おそらく、他の職層研修におけるアウトプット研修においてどの程度の効果が出ているのかなどを聞かれ、予算査定が行われることになります。

◎ポートフォリオとの違い

　3-4 では、ポートフォリオを用いて、2つの視点でその位置づけを確認しましたが、このマトリックスでは3つ以上の視点になることから、行列形式の表となります。このため、内容によって使い分けることとなります。

　いずれの場合であっても、2軸か行列形式の表に示すことにより、その問題点を明らかにすることが重要です。

マトリックス図を使った予算要求書のポイント

令和○年 8 月 30 日
人 事 課 研 修 係

主任職のグループワーク研修の実施について

1 概 要

　現在、主事・主任・係長の各職層研修を実施している。この職層研修では、職層に応じた能力開発を促進する観点から、講義を聞くインプットだけでなく、政策立案などのアウトプットも重視している。

　しかし、これまで主任層にはアウトプットに該当する研修がなかったため、来年度より主任層のグループワーク研修を実施したい。

2 職層研修の現状

マトリックス図

カテゴリー＼職層	インプット	アウトプット
主事層	地方公務員法入門 地方自治法入門	○○市への提案
主任層	中堅職員の役割 事務改善	※なし
係長層	リーダーシップ 係マネジメント	政策立案

　※上記は、各職層研修において実施している講座名

3 主任層のアウトプット研修（案）

　講座名：グループワーク研修
　講座内容：研修受講者でグループワークを行い、主任として考える、「今後、本市で行うべき事業」を管理職に提案し、講評してもらう。
　研修期間は 1 日。㈱○○研究所へ業務委託を想定。
　予算額：15 万円（税込）

事業内容、経費

複数課での事業検討

POINT 各課への影響を洗い出し、問題点・今後の対応を共有する

◎同じ資料で認識を共有する

　国が実施した「幼児教育・保育の無償化」が複数の課に影響することから、その問題点を明らかにして、今後の対応を共有しようとする資料です。

　国の制度としては１つなのですが、自治体では複数の課に影響しますので、住民への周知や対応が課によって異なるということは避ける必要があります。そこで、資料にまとめて、認識を共有する必要があるのです。こうした資料は、庁内の会議だけでなく、議会での委員会資料にも活用できます。

◎共通する部分と各課対応となる部分を明確にする

　このように複数の課に関係する事業では、全庁的に統一する共通部分と、各課で対応が異なる部分を明確にする必要があります。例えば、この例のように「基本的考え方」と「具体的対応」として、その違いを明確にします。

　首長視点で考えれば、「結局、市としてこの新たな制度について、どのように対応したのか」がポイントになるため、各課でバラバラな対応では困ります。しかしながら、どうしても課によって対応が異なる部分も出てくることもあるため、「なぜ、そうなるのか」を明確にしておき、住民や議会に説明できるようにしておきます。

令和〇年 8 月 16 日
厚 生 部 児 童 課

本市における幼児教育・保育の無償化への対応について

1　概　要

　　幼児教育・保育の無償化に伴い、庁内の関係部署が認識を共有し、今後の対応について連携する必要がある。このため、以下のとおり対応することとしたい。

2　国の無償化制度の概要　← 制度改正が複数の課にまたがる場合、その内容を一覧にするとわかりやすい

（1）　保育料・利用料

種類	3〜5歳	0〜2歳（非課税世帯）	担当課
幼稚園（新制度移行済）	無　償	ー	学務課
幼稚園（新制度未移行）	月 2.57 万円まで	ー	学務課
認定こども園	無　償	無　償	学務課
認可保育所	無　償	無　償	保育課
認可外保育施設等	月 3.7 万円まで	月 4.2 万円まで	保育課
障害児発達支援（就学前）	無　償	無　償	障害福祉課

（2）　給食費

　　（略）

3　国制度以外の事業にかかる本市の対応　← 複数の課にまたがる内容であっても、市としての考え方は統一し、整理する必要がある

（1）　基本的考え方

　　①制度開始以降、新たな保護者負担が生じないようにする

　　②給食費については、従前通り幼稚園は実費徴収、保育園は公費負担とする

（2）　具体的対応

　　①保育料・利用料

　　　　新制度に移行していない幼稚園は、県・市の補助により実質無償化。また、認可外保育園は、従前の保育者負担となるように市が補助を行う

　　②給食費

　　　　幼稚園は主食費・副食費ともに実費徴収。保育所の副食費は、引き続き公費負担

4　今後の対応

　　市民への周知、保護者等への通知、議会報告、条例改正等は、別紙 1 のとおり

「幼稚園の保護者には通知したが、保育園の保護者には通知していない」などが起こらないように、足並みをそろえる必要があるものについて共通認識を持つ

第**5**章

ポイントが明快に伝わる
住民向け資料の サンプル

HP掲載・行政計画の概要

POINT アイコンや矢印を使いわかりやすく、1枚にまとめる

◎ 1枚で計画の全体像がわかるようにする

　自治体が作成する行政計画には様々なものがありますが、その多くは冊子になるほどの分量になります。しかし、住民にとっては、それをすべて読み込むのは重労働です。また、「細かいことはいいから、全体像だけ手っ取り早く知りたい」という人も多くいます。こうしたことから、行政計画の詳細版（全文）とは別に概要版を作成する場合があります。

　右の例は、実際にホームページに掲載された愛媛県食品衛生監視指導計画の概要です。このように、1枚に概要がまとまっていれば計画の全体像がわかります。この資料の上部には「計画の対象区域」「基本的な方向」などの全体像を示し、下部には「監視指導の実施に関する基本方針」とその具体的な内容が記載されており、大事なポイントがすぐに理解できるようになっています。

　1枚にまとめたPDF等ならホームページにも掲載しやすいです。

◎住民アンケートや実態調査結果等でも概要版を作成する

　このように詳細版の他に概要版をつくるのは、行政計画だけではありません。例えば、住民アンケートや各種実態調査などの結果、会議録などもあります。いずれにしても1枚で全体像が把握でき、また大事なポイントがわかることが重要です。

　このため、概要版を作成する場合には、詳細版から削除して良い内容を見極めることが重要になります。

1枚で示した行政計画のポイント

令和2年度愛媛県食品衛生監視指導計画の概要

食品衛生法第24条の規定に基づき、令和2年度愛媛県食品衛生監視指導計画を策定します。

○**計画の対象区域** ：愛媛県内（保健所設置市である松山市を除く。）
○**実施期間** ：令和2年4月1日～令和3年3月31日までの1年間
○**実施機関** ：薬務衛生課、県6保健所、食肉衛生検査センター、衛生環境研究所
○**基本的な方向** ：食品による危害の発生を防止するため、「監視指導の実施に関する基本方針」に基づき、食品関連
事業者への監視指導、消費者等との情報及び意見の交換等の推進に取り組みます。

監視指導の実施に関する基本方針
①食品等の流通実態、食中毒等の危害発生状況等を踏まえ、愛媛県の実情に即応した監視指導を実施します。
②消費者、食品関連事業者及び行政の役割分担を前提とし、情報及び意見の交換（リスクコミュニケーション）を推進します。
③生産から販売に至る食品供給行程（フードチェーン）の各段階に応じて効果的な監視指導を実施します。
④生産段階における食品安全規制を実施する農林水産部局と連携して監視指導を実施します。

①愛媛県の実情に即応した監視指導

■業種別監視指導回数の設定
・食中毒の発生頻度、製造・販売される食品の流通状況を考慮した業種別指導回数の設定（重要度の高い業種の順にA～Eに分類）による効果的な監視指導の実施

■重点的に監視指導を実施する事項
食中毒予防対策
・ウイルス性食中毒、細菌性食中毒、自然毒食中毒、寄生虫性食中毒の防止のための啓発、監視指導の実施
・食中毒注意報の発令による注意喚起
食品表示対策
・適正な食品表示の実施確認、指導
・アレルゲン、期限等の適正表示を目的とした監視指導
食肉（と畜場）・食鳥肉（食鳥処理場）等の衛生対策
・微生物汚染検査等に基づく衛生管理等の妥当性確認、指導
野生獣肉の衛生対策
・処理施設への監視指導、技術的助言
輸入及び輸出食品の衛生対策
・県内流通食品に対する残留農薬、添加物等検査の実施
・事業者が行う自主検査の受託
・衛生証明書の円滑な発行と監視指導の実施
HACCPに沿った衛生管理の導入推進
・HACCPに沿った衛生管理の導入に関する事業規模等に応じた助言指導の実施
県内産畜産水産食品の衛生対策
・一次産品及びその加工品の製造販売施設に対する監視指導
食品製造施設等に係る衛生対策
・保存された記録に基づく監視指導
危害情報の申出、苦情等に基づく監視
・「食の安全・安心総合相談窓口」に寄せられる県民からの申出等に対する迅速な対応

■食品等の収去検査
・大規模食中毒の防止、不良食品の流通防止を目的とした県内製造・販売食品等の検査の実施 表2
■一斉取締りの実施
・夏期及び年末一斉取締り、集団食中毒防止月間（9月）、ふぐ中毒防止月間（12月）等の設定による効果的な監視の実施

②消費者、食品関連事業者及び行政の役割とリスクコミュニケーション

■情報発信・意見交換
・本計画及びその実施状況の公表
・えひめ食の安全・安心情報ホームページ、メールマガジン「えひめ食の安全安心メール」による情報提供
・緊急食品情報提供システム、食の安全緊急サポートシステムによる情報提供
・「食の安全・安心県民講座」における食の安全・安心に関する県の取組状況等の情報提供及び参加者との意見交換の実施者
・事業者による食品の自主回収情報等の公表
・食の安全・安心総合相談窓口での相談対応
・愛媛県HACCP制度に基づく認証施設の公表
・放射能汚染に関する検査の実施と公表

③食品供給工程（フードチェーン）の各段階における監視指導

■関係部局との連携
・生産から流通・消費に至る総合的な食の安全・安心施策を推進することを目的として設置した「えひめ食の安全・安心推進本部」における関係部局との連携強化
・「愛媛県食品表示監視指導協議会」における各構成機関との情報共有と連携した対応

④生産段階の食品安全規制と連携した監視指導

■農林水産部局との連携
・家畜や家きんの病歴や動物用医薬品の投与歴等の情報共有による食肉・食鳥肉の安全確保
・漁港や魚介類競り売り施設の衛生管理状況について、連携した監視を実施
・残留農薬や動物用医薬品等の基準違反状況の情報提供

その他

■食品衛生に係る人材育成
・食品衛生監視員、と畜検査の検査員及び検査担当職員の知識及び技術向上のための各種研修や講習会の実施

出典：愛媛県HP「愛媛県食品衛生監視指導計画【概要】」p.1

HP掲載・総合計画の概要

POINT ロジックツリーで目的と手段の関係を明確に示す

◎目的と手段の関係で体系化する

　自治体の総合計画の体系をロジックツリーで示したものです。ロジックツリーは「論理木」とも呼ばれ、物事を論理的に分析・検討するときに、その論理展開を樹形図に表現していく方法を言います。

　この例では、4つの展開があります。最も大きな目的である自治体の将来像「人・緑　未来輝く生活都市　きくよう」の下に、その目的を実現するための手段として、「人を大切にするまち」など4つの都市像があります。次に、この「人を大切にするまち」を目的として、それを実現する手段として「個性を引き出し、感性を磨くまちづくり」と「地域で支え合い、みんなが健康で暮らせるまちづくり」の2つがあります。

　さらに、「個性を引き出し、感性を磨くまちづくり」を目的として、それを実現する手段として3つの基本施策があります。そして、それぞれの基本施策を目的として、それを実現する手段として様々な事業がぶら下がっているのです。

　このように目的と手段で体系化するのです。

◎ MECE とは異なる

　この例は総合計画のため行政分野全般が対象となりますが、ロジックツリーは、対象をすべて「漏れなく、ダブりなく」整理するMECE（ミッシー）とは異なりますので、必ずしも対象すべてを包含する必要はありません。あくまで、目的と手段の関係で対象を整理するのがロジックツリーです。

図で示した総合計画のポイント

第5期菊陽町総合計画後期基本計画の体系

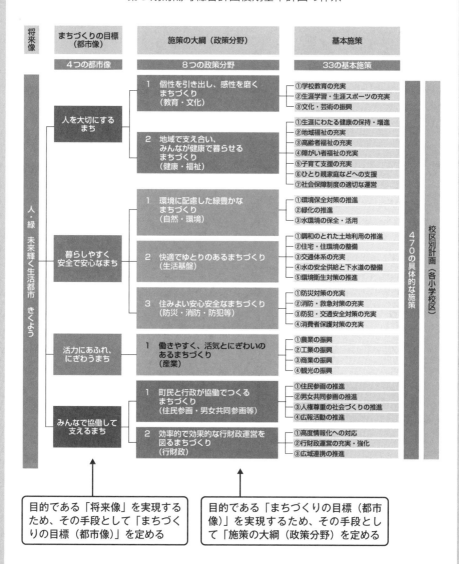

目的である「将来像」を実現するため、その手段として「まちづくりの目標（都市像）」を定める

目的である「まちづくりの目標（都市像）」を実現するため、その手段として「施策の大綱（政策分野）」を定める

出典：菊陽町HP「第5期菊陽町総合計画後期基本計画概要版」p.5　一部抜粋

HP掲載・市民世論調査の結果

POINT 適切なグラフを活用して、わかりやすく示す

◎単に数字で示すよりも、読み手にとってはわかりやすい

この例は、自治体が実施する市民世論調査の結果です。

上は、どんな情報を発信してほしいか、3つを選ぶことから、全体で100％にならないため棒グラフを活用しています。下は、回答を1つ選ぶことから全体で100％になるため円グラフ活用しています。

このように、調査結果などをグラフで示すと、読み手の視覚に訴えるため、非常にわかりやすくなります。作成する資料にもよりますが、グラフを活用したほうが、単に数字で示すよりもわかりやすい資料になることがあります。

◎よく使われるグラフ

よく用いられるグラフとしては、次のようなものがあります。

・棒グラフ…棒の高さ・長さで、項目ごとの値の大小を比較する
・折れ線グラフ…量の増減などの連続的な変化を示す
・円グラフ・帯グラフ…全体を100％とし各項目の構成比を見る
・ヒストグラム…2つの指標のデータの散らばり具合（変化傾向）を見る

どのグラフを活用するかは、対象となるデータによって異なりますし、棒グラフと折れ線グラフを併用することもあります。また、全体のグラフが見やすいように、途中の値を省略することもあります。いずれにしても、読み手にとってわかりやすいことが重要です。

調査結果をグラフで示すポイント

問　ごみ減量を進めるために、どんな情報を市から発信してほしいですか。
　　（下記項目から3つまで選択してください）

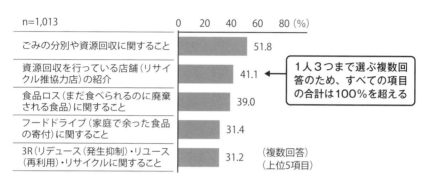

n=1,013

	(%)
ごみの分別や資源回収に関すること	51.8
資源回収を行っている店舗（リサイクル推協力店）の紹介	41.1
食品ロス（まだ食べられるのに廃棄される食品）に関すること	39.0
フードドライブ（家庭で余った食品の寄付）に関すること	31.4
3R（リデュース（発生抑制）・リユース（再利用）・リサイクルに関すること	31.2

1人3つまで選ぶ複数回答のため、すべての項目の合計は100%を超える

（複数回答）
（上位5項目）

●「ごみの分別や資源回収に関すること」（51.8%）が5割を超え最も多く、次いで「資源回収を行っている店舗（リサイクル推進協力店）の紹介」（41.1%）などの順となっています。

単に集計結果を掲載するだけでなく、結果のポイントを文章で付記すると、読み手にとってわかりやすくなる

問　あなたは、市の現況を総合的にみた場合、どの程度満足していますか。
　　（下記項目から最も当てはまるものを1つ選択してください）

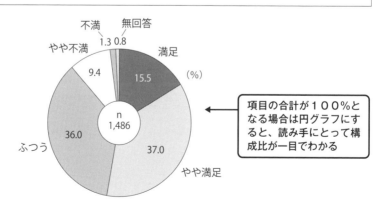

項目の合計が100%となる場合は円グラフにすると、読み手にとって構成比が一目でわかる

●「満足」（15.5%）と「やや満足」（37.0%）を合わせると、5割強となっています。

HP掲載・市民体力測定結果

POINT レーダーチャートで複数の指標を示す

◎複数の指標を示す際に有効なレーダーチャート

右の例は、レーダーチャートで市民の体力測定の結果を示したものです。

レーダーチャートとは、複数の指標の値の大小を視覚的に比較する放射状のチャートのことで、自治体では学力、体力などの結果を示す場合によく用いられます。一目で各指標のバランスを把握できるのが特徴で、平均値を用いて優劣を見たり、偏差値で示して全体の中の位置づけを確認したりします。このように指標が多いときにレーダーチャートを使います。

また、レーダーチャートでは比較することも有効です。例えば、1つのレーダーチャートで今年と昨年の結果の両方を記載すれば、違いがわかります。また、市の結果と全国平均を併せて示すことにより、「全国と比べて、市の結果はどうなのか」が一目瞭然になります。

◎レーダーチャート以外の特殊なグラフ

レーダーチャートを活用する資料は、自治体としてはある程度決まっています。このため、いちからレーダーチャートを活用する資料を作成するということはあまりないかと思います。ただ、このような特殊なグラフについて理解しておくと、資料作成力が身に付きます。

レーダーチャート以外では、散布図（2種類のデータ量の相関を見る）、箱ひげ図（データの散らばり具合を見る）、三角グラフ（3つの構成要素の比率を見る）などがあります。

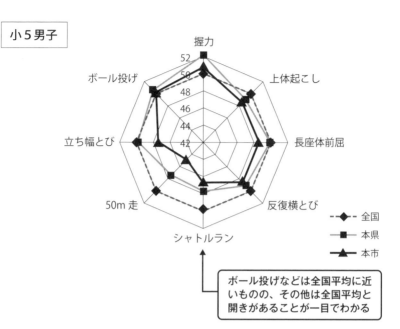

小5男子

ボール投げなどは全国平均に近いものの、その他は全国平均と開きがあることが一目でわかる

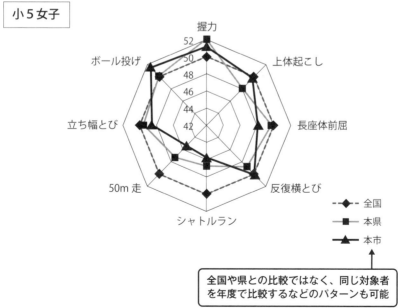

小5女子

全国や県との比較ではなく、同じ対象者を年度で比較するなどのパターンも可能

HP掲載・職員不祥事の謝罪

POINT 謝罪した後、経緯・今後の対応・決意を述べる

◎事実が発覚したら、早急に発表することが大事

　職員に不祥事があったことを市民に報告し、謝罪をする文書です。

　こうした不祥事に対する謝罪は、事実が発覚したら、できるだけ早急に市民に発表することが求められます。発表時点では、不祥事の全貌はまだわかっていない場合がほとんどです。しかし、新聞報道などがありながら、自治体では何も発表しないでいると、市民は不信感を持ってしまうため、発表のスピードが大事になります。

　このため、その時点でわかっていることだけでかまわないので、その旨を明記し、まずは不祥事の事実と謝罪を早急に発表することが求められます。

◎簡潔明瞭な文章にする

　文書の構成としては、①タイトル、②不祥事の事実と謝罪、③経緯（事実経過）、④今後の対応、⑤再発防止策、⑥決意、となっています。事件の第一報であるため、簡潔明瞭に伝えることが必要です。後日、状況が変われば（例えば、職員の処分の決定など）第二報、第三報と発表することになるため、まずはその時点で判明していることを伝えます。

　なお、当然のことながら、謝罪の気持ちが伝わるように表現することが最も重要です。

不祥事を謝罪する文書のポイント

市民の皆様へ　　　　　　　　　　　　　令和◯年 5 月 23 日

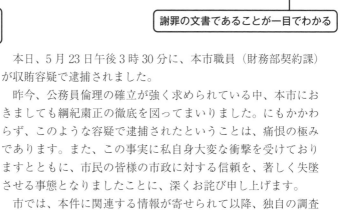

本市職員の不祥事に対するお詫び ←

事実を冒頭で簡潔に述べる

謝罪の文書であることが一目でわかる

本日、5 月 23 日午後 3 時 30 分に、本市職員（財務部契約課）が収賄容疑で逮捕されました。

謝罪

昨今、公務員倫理の確立が強く求められている中、本市におきましても綱紀粛正の徹底を図ってまいりました。にもかかわらず、このような容疑で逮捕されたということは、痛恨の極みであります。また、この事実に私自身大変な衝撃を受けておりますとともに、市民の皆様の市政に対する信頼を、著しく失墜させる事態となりましたことに、深くお詫び申し上げます。

経緯

市では、本件に関連する情報が寄せられて以降、独自の調査を行う中で、警察が捜査を行っているとの情報を入手したため、警察の捜査に可能な限り協力をしてまいりました。

今後の対応

市といたしましては、今後とも警察の捜査に全面的に協力していくとともに、捜査の進展の中で内容の詳細な把握に努め、厳正な対応を行ってまいります。

再発防止

職員逮捕という事実を重く、そして厳粛に受け止め、このような不祥事が二度と起こらないように、一層の綱紀粛正を図るとともに、再発の防止に努めてまいります。

決意

私をはじめ職員一同、いま一度公務員としての基本に立ち返り、職務を誠心誠意遂行することで、一日も早い市政に対する信頼の回復を図ってまいります。

□□市　長　　　○　○　○　○

新たな補助制度開始の周知文書

POINT お役所言葉を使わず、対象者目線で表現する

◎対象者目線での表現にする

　新たな補助制度を開始したことを保護者向けに通知する文書です。

　この文書では、自治体目線ではなく、制度の対象となる保護者目線で書かれていることがわかります。

　例えば、庁内でこの新制度を検討する資料では、「だ／である」文体や「児童、生徒」の文言を用いていますが、実際に住民に理解してもらうためには、この例のような文章にします。

　具体的には、①文体が「だ／である」の常体ではなく、「です／ます」の敬体を使って表現している、②「児童、生徒」ではなく「お子さん」という文言を用いているなどの点が挙げられます。このように、住民に通知する文書は、内容によっては対象者目線で表現します。

　実際に配慮する対象者としては、保育園児や幼稚園児の保護者、高齢者や障害者などが挙げられます。

◎新制度をわかりやすく説明する

　また、この文書のように新制度を説明するときは、「自分がその制度の対象になるのか」がポイントのため、長文で説明するのは不可です。この例のように、いくつかの項目に分けて説明します。

　また、図や表、フローチャートを活用することもあります。特に、フローチャートを用いると、自分がその対象になるかどうかをわかりやすく理解することができます。

保護者の皆様へ　　　　　　　　　　　令和○年3月13日
　　　　　　　　　　　　　　　　　　　□□市教育委員会

多子世帯の給食費補助について

　日頃から、教育委員会の事業にご理解・ご協力をいただき、ありがとうございます。本市では、多子世帯の経済的負担軽減のため、本市独自に市立小・中学校の給食費補助を来年度から実施することとなりましたので、その内容をお伝えします。

1　対象世帯　　←　誰が対象なのかを具体的に説明
　　　□□市にお住まいで、中学生以下のお子さんが3人以上いる世帯

2　補助金の対象となるお子さん　←　「児童」ではなく「お子さん」と表記
　①　本市にお住まいで、中学生以下のお子さんが3人以上おり、かつ、市立小・中学校に在籍しているお子さんが1人以上いる世帯が対象となります。
　②　市立小・中学校に在籍しているお子さんのうち、低年齢のお子さんから補助します。原則、補助の人数は、3人目以降のお子さんの人数となります。
　③　3人目以降のお子さんが市立小学校以外の学校（市外及び私立）に在籍している場合、もしくは未就学児の場合、市立学校に在籍している2人目もしくは1人目のお子さんが補助の対象となります。
　※　生活保護や就学援助を受けている方は、生活保護及び就学援助から給食費が支給されますので、補助金の対象外となります。

保護者向けの文章のため「です／ます」の敬体を用いる

3　補助する金額　　区分と金額は表でわかりやすく

対　象	月　額	年額（11か月）
小学校1・2年生	3,900 円	42,900 円
小学校3・4年生	4,200 円	46,200 円
小学校5・6年生	4,500 円	49,500 円
中学生	5,000 円	55,000 円

4　申請方法や支給方法
　　申請方法や支給方法については、後日ご連絡します。

　　　　　　　　　【問い合わせ先】
　　　　　　　　　学務課給食係　TEL○○○-△△△△

住民説明会・開催の周知文書

POINT 開催目的・対象者・内容を明確にする

◎開催目的を明確にする

　住民説明会開催の周知文書です。福祉センターを自治体直営から指定管理者運営に変更することに伴い、利用者に指定管理者制度の内容や運営方法の変更を説明するため、住民説明会を開催するものです。

　住民の中には「そもそも指定管理者とは何か」がわからない方も多いため、文書の下側に、囲みと書体で目立つように説明を加えています。これがあることで、文書を読んだ人は「自分に関係があるかどうか」を考え、出欠を判断します。同じ施設利用者であっても、自分に関係あると思う人もいれば、関係ないと考える人もいるわけです。

　大事なことは、何のために住民説明会が開催されるのか、自分に関係あるのかどうかがわかるように、明確に示すことです。このため、当日説明する内容や問い合わせ先なども明記しておいたほうが親切です。

◎住民が参加しやすい日時・場所を設定する

　住民説明会は、住民に参加してもらい、内容を理解してもらうことが大事です。ただ、自治体のアリバイづくりのための開催では困ります。そこで、住民が参加しやすい日時・場所を設定することが重要です。

　例えば、保護者であれば平日夜間や土日、高齢者であれば平日の日中など、対象者に合わせて設定することが必要になります。また、広く周知し、出席してもらうためにも、開催について町会長など施設周辺の住民に知らせる、施設内に大きく掲示するなどの工夫も必要です。

△△福祉センター利用者及び関係者の皆様へ

> 住民説明会の対象者宛とする

令和○年 8 月 22 日
○○市役所福祉課

△△福祉センターの指定管理者制度導入に関する説明会の開催について

　　日頃より、△△福祉センターの運営について、ご理解・ご協力をいただき、誠にありがとうございます。さて、○○市では施設の有効活用を図る観点から、来年度より△△福祉センターについて、指定管理者制度を導入することといたしました。これに伴い、下記のとおり説明会を開催いたしますので、是非ご出席ください。

1　日　時
　　令和○年 9 月 9 日（月）10:00 〜 11:30

> 「なぜ指定管理者制度を導入するのか」を簡潔に説明

2　場　所
　　△△福祉センター 1 階　会議室

3　主な内容
　(1)　指定管理者制度とは
　(2)　指定管理者制度導入に伴う変更点
　(3)　運営法人について
　(4)　今後のスケジュール

> 「そもそも、指定管理者制度は何か」「なぜ説明会を開催するのか」という疑問に答えるために付記。斜字・太字にするなど、見やすさにも配慮する

　　指定管理者制度とは、これまで市職員が行ってきた△△福祉センターの運営を社会福祉法人等に委託するものです。これに伴い、社会福祉法人等の職員が△△福祉センターを運営していくことになります。
　　説明会では、指定管理者制度導入に伴う変更点、指定管理者制度の導入理由などについてご説明するとともに、皆さんからのご質問などについてもお答えします。
　　是非、ご出席ください。

【問い合わせ先】
福祉課福祉係　TEL○○○-△△△△

第5章 ● 住民向け資料のサンプル

住民説明会・会議次第

POINT 日時・場所・議題・説明者名・配付資料の5点セット

◎住民説明会では紛糾することも配慮する

住民説明会で配付する会議次第です。事前配付した住民説明会の周知文書（ **5-7** 参照）に基づき、当日配付された次第です。

会議次第は、庁内向け資料の中でも示しましたが（ **4-1** 参照）、基本的なポイントは同じです。具体的には、①終了予定時刻を明記し、参加者に会議の進行に配慮してもらうよう意識付けを行う、②議題は一括して説明する場合でも別個に表記する、③資料の配付漏れがないか、配付資料の一覧を明記するなどが挙げられます。

なお、住民説明会は、内容によっては紛糾して終了予定時刻に終わらないこともあります。その場合は、「終了予定時刻となりましたので、いったん閉会とさせていただきます。ご質問がある方は、この後に個別に対応しますので、お残りください」などと周知して、帰りたい住民が帰れるようにします。

◎説明者・出席者を明らかにする

また、住民説明会では、後で質問や問い合わせの電話がかかってくることがあります。このため、「誰が、何を説明したか」が明確になるように、説明者を付記しておきます。また、必要に応じて、出席者名簿も併せて配付し、出席者名・連絡先なども明記しておきます。

このように表記することで、説明会に出席できなかった住民も、後で該当担当者に質問することが可能となります。

△△福祉センターの指定管理者制度導入に関する説明会

　　　　　日　　時：令和○年9月9日（月）10：00 ～ 11：30
　　　　　場　　所：△△福祉センター1階　会議室

終了予定時刻を明記することで、会議の進行に注意するようになる

会議次第

1　福祉課長挨拶

2　職員紹介

説明者を付記することで、後で誰に質問したらよいかがわかる

3　議　題
　(1) 指定管理者制度とは（福祉課　山田管理係長）

　(2) 指定管理者制度導入に伴う変更点（福祉課　井上指導係長）

　(3) 運営法人について（社会福祉法人○○福祉会　佐藤理事長）

　(4) 今後のスケジュール（福祉課　山田管理係長）

4　質疑応答 ← すべての議題終了後に質疑応答の時間があることを示す

5　閉　会

<配付資料>
　資料1　指定管理者制度の概要
　資料2　指定管理者制度導入伴う変更点
　資料3　指定管理者制度に関するＱ＆Ａ
　資料4　社会福祉法人○○福祉会紹介パンフレット
　参　考　出席者名簿

住民説明会・資料1

POINT　表で対比して、現行と新制度の違いを明確にする

◎表でわかりやすく対比する

5-8 に引き続き、住民説明会で配付する資料です。一番左側に項目を並べ、現行制度と新制度を対比させています。備考には、両者の違いやポイントを明記しています。住民説明会の資料なので、備考は住民向けに「です／ます」体の敬体の表現になっています。

このように表で対比すると、両者の違いが一目瞭然となり、住民にとってわかりやい資料となります。このため、資料作成者としては、簡潔明瞭に述べることが求められます。あまりに正確さを追求すると、どうしても長い文章になり、1つの表にまとまらなくなる可能性があるからです。

どうしても注意書きが必要だったり、長文での説明が必要だったりする場合には、欄外や別紙にまとめるなどの工夫が必要です。

◎必要があれば強調を活用する

対比で大事なことは、「どこが違うのか」「何が変わるのか」のため、備考の表記が重要になります。この例では、特に大きな変更がないため、太字や下線などの強調の表記はありませんが、住民に「これだけは知っておいてほしい」ことがある場合には、そうした強調を活用することも考えられます。

また、A4判が基本ですが、表の形式によっては、A4判で2枚にまたがるよりも、A3判1枚のほうが見やすいこともあります。

現行制度と指定管理者制度との比較

	現行（市運営）	指定管理者制度	備　　考
1　施設設置者	○○市	○○市	指定管理者制度導入後も、施設の設置者は○○市で変更ありません
2　施設運営者	○○市	社会福祉法人等	施設の運営者は、○○市から社会福祉法人等に変わります
3　定員	40 名	40 名	指定管理者導入後も、定員は○○市が決定します
4　利用者の決定	○○市	○○市	指定管理者導入後も、利用者は○○市が決定します
5　利用時間	9 ～ 17 時	9 ～ 17 時	指定管理者導入後も、市の条例に基づいて運営されます
6　休日	土日、法に定める休日、年末年始	土日、法に定める休日、年末年始	指定管理者導入後も、市の条例に基づいて運営されます
7　職員配置	支援員 24 名（常勤、看護師含む）	現在の職員配置と同等以上	指定管理者導入後も、現在の職員配置と同等以上とします
8　自主事業		運営法人の提案により実施	□□事業の実施などが想定されます
9　市の関与		市が管理・監督	指定管理者導入後は、市が運営法人の管理・監督を行います

項目

現行制度

新制度

ポイントや補足説明を付記し、住民が理解しやすいよう配慮

住民説明会・資料２

POINT 住民目線で問いを考え、総論→各論の順で書く

◎徹底して住民の立場になり、問いを考える

　一問一答型の想定問答集でも説明しましたが（**3-7** 参照）、住民説明会の資料として、この例のようにQ＆A形式の資料を配付することがあります。住民が感じる疑問などを一問一答の形式で整理していくもので、ネット上で目にする「よくある質問」のようなものです。

　こうした資料作成で重要なことは、住民目線で書くことです。自治体の担当者なら当然知っていることでも、住民には全くわからないことが多々あります。そこで、徹底して住民の立場になって問いを立てることが重要です。この想像力が不十分だと、効果的なQ＆Aにはなりません。

　また、質問は総論から各論へと整理するのが基本ですが、場合によっては議題ごと、説明者ごとにQ＆Aをまとめる方法も考えられます。例えば、**5-8** で示した会議次第のように、議題ごとに説明者が異なる場合があります。こうしたときは、この議題ごと、説明者ごとに整理されていると、Q＆Aは見やすくなります。

◎住民にわかりやすいQ＆Aにする

　表記の注意点としては、問いはゴシック体、答えは明朝体を用いるなど、フォントを分けると見やすくなります。また、できるだけ箇条書きを活用し、どうしても長文になってしまうときは、太字、下線などで強調し、住民にわかりやすいQ＆Aになるように工夫します。

指定管理者制度に関するＱ＆Ａ

> 住民目線でQ&Aにするとわかりやすい

1 指定管理者制度とは何ですか？

　指定管理者制度とは、「公設民営」とも言い、これまで市職員が行ってきた△△福祉センターの運営を社会福祉法人等に委託するものです。具体的には、市職員（支援員、看護師等）に変わり、社会福祉法人が△△福祉センターを運営していくことになります。

　しかし、施設自体は市立施設としての位置づけは変わりませんので、これまで同様のサービスを提供します。また、△△福祉センターの設置責任は引き続き○○市にあり、指定管理者制度の導入後も、○○市は、△△福祉センターの管理監督を行っていきます。

> 説明は、専門用語・お役所言葉を避け、住民にもわかりやすい言葉で表記する

2 なぜ指定管理者制度を導入するのですか？

指定管理者制度を導入する理由は、次の3点です。
①専門性の高い職員による支援力の向上が期待できる
　　福祉の豊富な経験及び法人の研修制度等による知識を習得した専門性の高い職員が、サービスを提供することができます。

> 説明が長くなる場合は、付番して整理するなどの工夫をする

②柔軟なサービス展開が可能となる
　　経験豊富な法人の運営により、□□事業など、これまでに実施してこなかったサービスの提供が可能となります。ただし、そうした新しいサービスの内容や開始時期については、利用者の皆様のご意見などを参考に、今後検討していきます。
③経費を削減し、新たな福祉サービスの経費に充当できる
　　指定管理者制度導入により、現在の経費から2,000万円程度の経費削減の効果があります。こうして捻出した予算を、他の福祉サービスの充実に充当し、サービスを拡充していきます。

第**6**章

事実を適切・的確に示せる

議会向け資料の
サンプル

委員会資料1・行政計画策定

POINT わかりやすく計画策定の全体像を示す

◎行政計画策定の各段階で、委員会報告を行う

議会の委員会で行政計画の策定着手を報告する資料です。

どのような分野でも行政計画を策定する場合には、①策定着手、②素案、③パブリックコメントの実施、④成案などの各段階で、所管委員会に報告するのが一般的です（報告の時期や内容は各自治体で異なります）。この資料は、①に該当するものです。

策定着手の段階では、「なぜ策定するのか」「どのように策定するのか」などが報告の中心になるため、策定根拠、策定体制、策定スケジュール、現在の計画の内容などを資料にまとめます。

なお、それぞれの行政計画は、自治体の基本構想などの総合計画の下位に属するものですが、各法律に策定義務などが明記されていることもありますので、位置づけについては明確にする必要があります。

◎議員視点に注意する

議員視点に立つと、この資料を見て、「地域代表では、誰が会議のメンバーに入るのか」「いつ頃、素案が示されるのか」「住民の意見はどのように反映されるのか」などが気になります。委員会では、そうした質問が議員から出される可能性があります。

このため、議会への提出資料を作成する職員は、「資料を見た議員が、どのような質問をしてくるか」を見据えて資料を作成する必要があります。

令和○年 6 月 18 日
厚 生 部 児 童 課

○○市子ども・子育て支援事業計画
（令和△～◇）年度の策定について

1　概　　要

> 冒頭の概要でわかりやすく全体像を示す。その後にその他の情報を補足する

(1)　策定の経緯

　　○○市子ども・子育て支援事業計画（平成 27 ～ 31 年度）が本年度で最終年次を迎えるため、来年度から始まる次期計画の策定を行う

(2)　計画の位置づけ

　　本計画は、「○○市基本構想」及び「○○市長期基本計画」の子ども・子育てに関する部門計画として策定する。また、「子ども・子育て支援法」に基づく「市町村子ども・子育て支援事業計画」でもある。

(3)　策定時期

　　令和△年 3 月

2　策定体制

> 計画の策定にあたっては、①学識経験者など外部の人を加えた会議体、②庁内の体制の 2 つの検討組織をつくる場合が多い

(1)　○○市子ども・子育て会議

　　学識経験者、福祉・保健・教育関係者、子育ての地域活動を行う者、公募委員の 20 名で構成し、計画に関する意見聴取を行う

(2)　○○市子ども・子育て推進委員会・幹事会

　　推進委員会は庁内関係部長 8 名、幹事会は関係課長 12 名で構成し、子ども・子育て会議に提出する資料等の検討を行う

3　今後のスケジュール

> 読み手である議員の立場に立つと、11 月に素案の報告があることがわかる

令和○年 11 月　　　素案策定

　　　　　 12 月　　　パブリックコメント実施

令和△年 1 月　　　住民説明会の開催

　　　　　 3 月　　　計画策定

＜参考　現計画の構成＞

　　1 章　計画の概要

　　2 章　○○市の子どもを取り巻く環境

　　3 章　計画の基本的な考え方

　　4 章　各論

　　5 章　計画の推進体制

委員会資料2・事故報告

POINT 結論→経緯→対応策の順にまとめる

◎執行機関が議会へ報告する「正式な事故報告書」

　職員が生活保護費を着服し、懲戒免職処分となったことを委員会で報告するための文書です。

　こうした事故の場合、実際には、既にプレス発表などを行った後に報告されます。また、議会の各会派への報告も終わっていますが、「正式な議会への報告」という意味があります。つまり、議員としては既に知っていることがほとんどなのですが、執行機関が議会に提出する正式文書となるため、事故の全体像を示すことが重要となります。

　委員会資料としては、①事故の概要・結論、②経緯、③事故の発生原因、④今後の対応（再発防止策）を整理して記述することが求められます。

◎表の活用もできる

　右の例では活用していませんが、経緯は表を活用することも考えられます。例えば、**3-2**で示したように、当事者が複数いるような場合は、当事者別・時系列別で示すとわかりやすくなります。ただし、あくまで委員会報告用なので、あまり詳細までは記載しないことが一般的です。

　同様に、発生原因と再発防止策をセットで対比させる内容のため、これも表で掲載したほうがわかりやすいことがあります。いずれの場合でも、見やすく、わかりやすい資料であることが大切です。

令和○年 6 月 18 日

○○福祉事務所

職員による生活保護費の着服について

冒頭で全体像を示す

1　概　要

　　令和○年 3 月、○○福祉事務所職員が生活保護費（4 件・合計 1,211,623 円）を着服していたことが判明し、同職員は 4 月に懲戒免職処分となった。

2　これまでの経緯

事故の経緯を時系列で説明

＜令和○年＞

3 月 9 日　　生活保護受給者から「以前と比べ、最近の生活保護費の額が減っている理由は何か」との訴え。担当していた職員（懲戒免職）が不在であったため、代わりに対応した職員が調べたところ、保護費の変更はなかったため、後日回答するとした。

3 月 12 日　所長・庶務係長立会いのもと、担当職員に確認をしたところ着服した事実を認める。その後の調査で、着服の額は 4 件・合計 1,211,623 円であることが判明。

4 月　　　　着服していた職員を懲戒免職

3　事故の発生原因と再発防止策

事故の原因と再発防止策について、項目を整理してそれぞれ説明

（1）不十分な現金管理

　　今回の案件では、生活保護費は銀行振込ではなく、窓口払いとなっていた。このため、現金を受領した職員がその一部を着服しており、現金管理のチェック体制が不十分であった。

　　そこで、現在では、窓口払いは職員 2 名体制で実施することとし、実施した職員の氏名等を記録するなどの管理を行っている。

（2）本人押印の代行

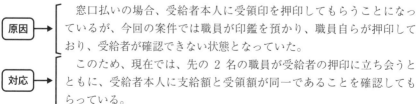

原因　窓口払いの場合、受給者本人に受領印を押印してもらうことになっているが、今回の案件では職員が印鑑を預かり、職員自らが押印しており、受給者が確認できない状態となっていた。

対応　このため、現在では、先の 2 名の職員が受給者の押印に立ち会うとともに、受給者本人に支給額と受領額が同一であることを確認してもらっている。

委員会資料３・計画素案

POINT 計画素案とともに、現状や今後の予定を明らかにする

◎素案報告で注意すべきこと

6-1 では、これから行政計画の策定作業に入ることを議会の委員会に報告しました。この例は、計画の素案がまとまったことを報告するものです。

行政計画の場合、庁内組織及び外部委員も含めた会議体で、いったん素案を作成し、発表します。その素案に対して、パブリックコメントや議会からの意見などを受けて、再度調整し、案、成案となります。

素案報告では、素案自体の全体像や特徴がわかるとともに、今後の予定なども理解できることが大事です。

◎素案本文を別紙にまとめる

右の例では、上の文書は状況を示す文書です。「１　概要」で現在の状況を、「２　素案の内容」で計画の項目を、「３　今後の予定」でスケジュールを示しています。「２　素案の内容」で計画素案の項目を示していますが、実際の素案は右の破線の下の文書のように、別紙にして素案全体を示します。

このような構成にすると、素案報告を聞く議員が、素案の内容全体とともに、現状や今後のスケジュールについて知ることができます。実際の委員会では、議員は素案の内容について意見・質問しますので、執行機関としてはそうした意見などを次の案に反映することになります。

令和○年 12 月 3 日
健 康 部 健 康 課

○○市健康増進計画（素案）について

1 概 要　← 冒頭で全体像を示す

　　健康増進計画は本年度が最終年次になっており、現在、次期計画を策定中である。これまでに学識経験者・関係機関職員・公募委員を構成員とする策定委員会で検討を行い、このたび素案がまとまった。

2 素案の内容
　(1) 計画の基本的事項
　(2) 計画の体系
　(3) 各論
　　　①生活習慣病対策　②こころの健康対策　③がん対策　④食育の推進
　(4) 計画の実現に向けて
　※素案内容の詳細は、別紙を参照　← この資料は、あくまで計画策定の現状や予定を示すことが目的。素案の内容そのものは別紙にまとめる

3 今後の予定
　＜令和○年＞
　　12 月 1 日～ 24 日　パブリックコメントの実施
　　（以下略）

別紙

○○市健康増進計画

1 章　計画の基本事項
　1 計画策定の理由
　　　我が国の平均寿命は、世界で最も高い水準になっています。しかし、出生率の低下、急速な高齢化など、（以下略）　← 実際には素案全文を掲載
　2 計画の位置づけ
　　　本計画は、健康増進法に基づく市町村健康増進計画です。

　　（以下略）

委員会資料4・イベント報告

POINT 効果的に注釈を用いて補足説明する

◎大きなイベントは参加者数等を報告する

市民まつりの開催結果を、議会の委員会に報告するものです。

すべてのイベントではありませんが、自治体にとって大きなイベントであれば、その開催結果を報告することは一般的です。その内容としては、①開催日時、②開催場所、③イベントの内容、④参加者数、⑤その他です。

特に、「参加者数」は議員にとっても注目すべき点であるため、昨年実績と併せて掲載します。また、「その他」としては、イベント当日に発生した事故、新たに生じた課題などを記載します。例えば、市民が救急車で搬送されたなどのトラブル、現時点で想定される来年度の変更点などがあれば併せて報告します。

◎上手く注釈を活用する

なお、この例では注釈を活用しています。注釈は、文章・用語などを補足・説明するためのものです。資料作成者の立場から言えば、資料の構成や本筋からはやや外れるものの、説明しておいたほうが望ましいもの、またはその用語だけでは内容がわかりにくいものに活用します。

この例では、急遽実施することになった講演会について、注釈をつけています。注釈はこのように欄外に記すことが一般的です。吹き出しを使うこともありますが、吹き出しは、ややくだけた印象になるため、委員会資料では用いることはあまりありません。

令和○年 10 月 28 日
地 域 振 興 課

「第 30 回○○市民まつり」の開催結果について

1　開催日時
　　令和○年 10 月 26 日（土）・27 日（日）午前 10 時から午後 3 時

2　開催場所
　　○○市総合運動公園

3　主な内容・イベント

	内　　　　容	会　　場	参加者数
1	オープニングセレモニー	メインステージ	12,800
2	各地名産品等販売	大広場	45,400
3	小中学生合唱会	メインステージ	8,500
4	スポーツ・文化体験コーナー	噴水広場	11,800
5	ＮＰＯ・市民活動コーナー	入口広場	6,700
6	官公署ＰＲコーナー	入口広場	3,500
7	山田太郎氏講演会（注）	小ホール	800

（注）◀

　　山田太郎氏は、本市出身のマラソンランナー。本年 9 月に開催された△△マラソン大会において大会新記録で優勝し、一躍注目される。もともと「○○市民まつり」での講演の予定はなかったが、○○体育協会からの紹介等により、急遽開催されることになった。

> 注釈は「注」以外にも「※」を使うこともある。注釈は資料の本筋から外れるものの、情報として掲載しておいたほうがよいものを載せる。庁内文書の場合、注釈を吹き出しにする場合もある。

4　参加者数
　　約 8 万人（昨年度：約 7.5 万人）

5　その他
　　10 月 26 日（土）午後 2 時頃、中央ステージ付近で体調不良となった女性（76 歳）が救急車で搬送された。しかし、病院で手当の後、帰宅することができ、大事には至らなかった。

委員会資料5・新旧対照表

POINT どこがどう変わるか、わかりやすく示す

◎新旧対照表で違いを明確にする

　条例改正に伴い、現行と改正案を比較した新旧対照表を活用した委員会資料です。

　条例改正の場合、正式には、議案として議員に配付されます。ただし、条例改正を審議する所管委員会では、その議案と併せ、委員会資料として別に資料が配られるのが一般的です。その資料は自治体により異なりますが、その一例です。簡潔に、改正理由、改正内容、施行期日、新旧対照表がまとめられています。

　新旧対照表の活用により、現行と改正案の違いが明確になります。ただし、改正部分が多いときには、このようにすべてが1枚の資料に入りませんので、別紙に新旧対照表のみをまとめることもあります。

◎書式が定められていることもある

　また、新旧対照表の正式な書き方は、各自治体の公文規程などで定められていることがあります。このため、委員会に提出する資料で新旧対照表を活用する場合には、資料作成者としてはどのような書き方の資料にするかを前例などで確認する必要があります。

　なお、新旧対照表の書き方の一般的な注意事項として、①左側に現行、右側に改正案、②改正がない部分は（略）と表記する、③字句を追加・変更した箇所に下線を引くなどがあります。

平成○年3月5日
厚 生 部 児 童 課

○○市児童育成手当条例の一部を改正する条例（案）

1　改正理由

　所得税法等の一部を改正する等の法律（平成29年法律第4号）により、「控除対象配偶者」の定義が改正されたことに伴い、本条例の規定を整備する。

2　改正内容

　現行の「控除対象配偶者」を「同一生計配偶者」に改める。（第4条関係）

3　施行期日

　公布の日

> 左側に現行の内容、右側に改正後の内容を掲載するのが一般的

4　新旧対照表

現　　行	改　正　案
第1条～第3条　（略） （支給要件） 第4条　（略） 2　前項の規定にかかわらず、手当は、次の各号のいずれかに該当するとき支給しない。 (1)保護者の前年の所得が、所得税法に規定する<u>控除対象配偶者</u>及び扶養親族の有無及び数に対して、規則で定める額以上であるとき。 (2)・(3)　（略） 第5条～第12条　（略） 別表　（略）	第1条～第3条　（略） （支給要件） 第4条　（略） 2　前項の規定にかかわらず、手当は、次の各号のいずれかに該当するとき支給しない。 (1)保護者の前年の所得が、所得税法に規定する<u>同一生計</u>配偶者及び扶養親族の有無及び数に対して、規則で定める額以上であるとき。 (2)・(3)　（略） 第5条～第12条　（略） 別表　（略）

> 新旧対照表は公文規程などで正式に書き方が定められている場合もある

委員会資料６・法改正の周知文書

POINT 趣旨・内容・施行日などを体言止めで簡潔にまとめる

◎Ａ４判１枚で概要をまとめる

　国が生活困窮者自立支援法等を一部改正したことについて、議会の所管委員会に報告するものです。国の法改正であっても、その影響が自治体に大きく関係する場合は、このように委員会に報告することがあります。

　しかし、この例を見てもわかるように、その内容は非常に多岐にわたります。仮に、それぞれについて詳しく説明しようとすると、別紙にまとめる必要があります。この例は、あくまで法改正の全体像を示すことを目的としているため、Ａ４判１枚で概要をまとめています。

◎体言止めで項目を並べる

　この資料の中心は、「２　主な改正内容」です。あくまで改正の全体像を示すため、それぞれ項目のみを挙げている点がポイントです。そして、それぞれを文章で説明するのでなく、体言止め（名詞で締めくくる文）で項目を並べています。

　このように、体言止めでまとめれば、改正の項目だけをまとめることができるため、資料の読み手としては全体像がすぐに理解できます。なお、ここでは項目が多いため、読点（、）で項目をつなげています。文の長さにも関係しますが、箇条書きで１行１項目のほうが見やすい場合もあります。実際には、分量に応じて使い分けることになります。

法改正の周知文書のポイント

平成 30 年 10 月 9 日
厚生部生活保護課

生活困窮者自律支援法等の一部改正について

1　改正の趣旨

　　生活困窮者等の一層の自立の促進を図るため、生活困窮者に対する包括的な支援体制の強化、生活保護世帯の大学進学、児童扶養手当の支払回数の見直し等の措置を講じる。

2　主な改正内容

> 法の改正など内容が多岐にわたる場合は、項目だけでなく、その内容も体言止めにしたほうが見やすい

（1）　生活困窮者の自立支援の強化
　　①基本理念の創設・定義の見直し
　　　生活困窮者の尊厳の保持、包括的・早期的な支援並びに関係機関及び民間団体の密接な連携等支援体制の整備について明記
　　②包括的な支援体制の充実
　　　就労準備支援事業及び家計改善支援事業の努力義務
　　③子どもの学習支援事業の強化
　　　子どもの学習支援事業、生活習慣・環境の改善に向けた助言、進路選択等に関する相談等
（2）　生活保護制度における自立支援の強化・適正化
　　①生活保護世帯の大学等への進学支援

> それぞれの内容について説明が必要な場合は、別に参考資料として添付する方法もある

　　　進学準備給付金を一時金として給付
　　②保護費の返還金に係る徴収
　　　資力がある場合の返還金と保護費の調整に関する規定整備
（3）　ひとり親家庭の生活の安定と自立の促進
　　　児童扶養手当の支払回数を年 3 回から年 6 回に変更

3　施行期日

　　平成 30 年 10 月 1 日（ただし、項目により例外あり）

委員会資料7・制度変更の周知

POINT 全体の流れ、工程が視覚的にわかるように示す

◎フローチャートを使うと工程が明確になる

　就学援助の事務手続きの変更を議会の所管委員会に報告するものです。こうした事務の流れまで委員会に報告するかは、自治体によって異なりますが、保護者など住民に影響するような制度変更については報告することもあります。

　制度変更の文書ですから、項目としては変更理由、変更内容、実施日などを報告することになります。この例のように、手続きや事務処理方法が変更される場合には、このようにフローチャートを活用すると、流れが一目瞭然になります。

◎住民にとっても手続きの確認が便利になる

　フローチャートは、自治体の中でも様々な場面で活用されます。例えば、保育園入園の申込みでは、世帯の状況によって提出書類などが異なりますが、この確認のために活用することがあります。

　例えば、①保護者の状況（ひとり親家庭か否か）、②保育事由（会社勤務、自営業、求職中のいずれか）、③子どもの現在の保育状況（祖父母、父母、認可外施設など）、④その他（生活保護受給の有無など）を項目としたフローチャートを作成しておくと、それぞれの項目でどのような書類が必要なのかが、明確になります。

　こうした内容を一つひとつ文章で説明しては、かえってわかりにくくなります。フローチャートを活用したほうが住民にも親切と言えます。

令和○年 3 月 13 日
教育委員会学務課

就学援助手続きの一部変更について

1 概　要

　　就学援助については、これまで保護者が申請書を教育委員会に郵送していた。しかし、郵送料の経費が発生すること、書類の不備があった場合に修正まで時間を要することなどから、学校で回収・確認した後、学校から教育委員会へ提出する方式に変更する。

2 手続きの流れ

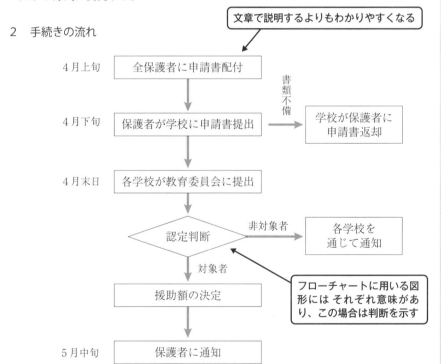

3 今後のスケジュール

　　令和○月 3 月 23 日　　校長会で変更内容について説明
　　　　4 月 上 旬　　保護者への変更内容の通知

委員会資料8・新事業説明

POINT 目で見てパッとわかる写真・イラストを使う

◎文章で説明するより一目瞭然

　拠点避難所にクワトロトイレを配備することを議会の所管委員会に報告するものです。

　クワトロトイレの説明は、資料に記載のとおりですが、これを文章で説明しても、なかなか実際のイメージは湧きません。こうした場合、委員会資料であっても写真やイラストを活用すると一目瞭然です。議会へ提出する資料であっても、必要があれば写真やイラストを活用します。例えば、事故や事件現場の写真、障害者が使用するヒアリングループ（難聴者の聞こえを支援する設備で、マイクを通した音声を直接補聴器や人工内耳へ伝えることができるもの）のように現物を見ないとイメージできないものなどがあります。

　また、写真・イラストの活用は、予算要求などの庁内資料、住民説明会での配付資料などでも効果的です。なお、住民説明会では動画を活用することもあります。

◎著作権に注意する

　写真・イラストの活用にあたっては、著作権に注意する必要があります。写真・イラストを無断使用することで、著作権法に違反しては公務員としては問題です。例えば、ネット上の写真・イラストをダウンロードする際には、誰もが画像を使っていい、いわゆる「著作権フリー」「フリー素材」になっているかを必ず確認しましょう。また、フリーではない場合は、著作権者に了承を得る必要があります。

令和○年 3 月 12 日
危機管理部防災課

クワトロトイレの配備について

1　概　要

　令和○年度から、すべての拠点避難所（52 か所）にクワトロトイレを 3 台ずつ配備する。

　クワトロトイレとは、男性用の小便器で、1 台で 4 人が同時に使用できるもの。従来のトイレは個室のため、避難所で避難者が順番待ちをすることが課題となっていた。これを解消するため、令和○年度からクワトロトイレを導入する。

写真ではわからない情報は文字で補足する

写真で見れば一目瞭然

2　今後のスケジュール

4 月 10 日～ 25 日	拠点避難所にクワトロトイレを配備
4 月 27 日	拠点避難所管理者（学校長等）を対象に説明会
4 月 28 日	拠点避難所管理者（市職員）を対象に説明会

各会派説明資料

POINT 資料の公平性と議員の地盤に注意する

◎特定地域を地盤とする議員に、念のため報告する

　事件や事故、地域内でのトラブルが発生した場合に、議員に対して事前に報告しておいたほうがよいケースがあります。ただし、全議員に報告するまでではなく、当該地域を地盤とする議員にのみ知らせておいたほうがよいといった内容です。こうした議員への報告方法は、自治体によって異なりますが、広く住民に公表する前に、先に特定の議員に情報提供しておくことがあります。

　このような場合、会派によって資料を変えるのではなく、すべて同じ資料で情報提供します。執行機関としては、「○○町で事故が起こったので、念のためお伝えします」という姿勢です。与党と野党で情報の内容に差を設ける必要はありません。差をつけると、後で「なぜ、違うのか！」と問われ、厄介なことになってしまいます。

◎住民への公表日時、報告理由に注意する

　執行機関としては、住民への公表前に一報を当該議員へ報告しておきたいのですが、正式な住民への公表はいつになるのかについては、明確に伝えておく必要があります。

　また、執行機関としては、議員の地盤の関係で他の議員よりも先に報告するわけですから、その旨を議員にきちんと説明しておく必要があります。「なぜ、自分のところに報告しに来たのか」を議員が理解していないと、全議員に報告していると勘違いされてしまう可能性があります。

令和○年 6 月 4 日
地 域 振 興 課

○○地区公民館の一時休止について

1 概　要

　本年 3 月に◇◇◇◇株式会社施工の違法建築が発覚したため、市では同社施工の市内施設すべてについて調査を行った。現在も調査中であるが、6 月 1 日、○○地区公民館の建物の一部に不備があることが判明した。現状でも利用に支障はないものの、不備の状況を精査するため、同施設を一時休止する。

2 施設概要等

施設名　　○○地区公民館

> ××町を地盤とする議員には早急に周知する必要がある

　　　　　（□□市××町 1-2-3）　鉄骨造 2 階建

開　設　　平成 28 年 4 月

現　況　　屋上部の強度に不備があることから、施設を一時休止し、改めて調査を実施する

3 一時休止の期間等

(1) 休止期間

　　令和○年 7 月 26 日（木）～ 27 日（金）

(2) 利用者等への対応等

> 住民がこの情報をいつ知るのかは大事なポイント

　　現在、上記期間には利用予約がないため、この間に調査を実施する。

　　なお、利用者・関係者等への周知については、6 月 8 日（金）開催の○○地区公民館の地域連絡会（構成員には××町会長を含む）で行うとともに、市報・ホームページなどでも周知を行う。なお、調査結果に伴う対応については、別途検討する

4 その他

(1) 他施設の調査について

　　現在実施している◇◇◇◇株式会社施工の施設調査については、6 月 6 日（水）に終了予定

(2) 議会報告

　　他施設の調査結果やその後の対応（本件も含む）については、6 月 15 日（金）の市議会・総務委員会にて報告予定

> 正式な議会報告がいつかも議員が着目する点

議員から個別に求められた資料

POINT 流出する恐れを念頭において内容を考える

◎他への流出を前提に資料を作成する

　特定の議員から資料要求があり、既存資料では対応できないため、個別に資料を作成することがあります。管理職であれば、こうした経験は誰しもあるでしょう。

　このような資料要求への注意点としては、議員からの質問に答える資料であることはもちろんですが、加えて、①他議員などへ流出してもよい内容しか書かない、②文字にできないことは口頭で説明する、③正式な議会報告との関係に注意するなどがあります。

　①については、議員に「この資料は他者には見せないこと」と約束したとしても、結果として資料が流出してしまうことがあります。このため、その議員に配慮したことなどを資料に記載するのは不可です。文字にできないことは、あくまで口頭で説明します。

　また、大事なことは「いつ、正式に議会への提案や報告があるか」です。資料提供時点では検討中であっても、いつまでに執行機関の態度を明確にするのかという点に、注意する必要があります。

◎資料配付の記録をつける

　なお、個別に議員に作成・提供した資料については、「いつ、誰に、どの資料を渡したか」を記録しておきます。これは、後で一般質問や委員会での質問に活用される可能性があるからです。また、後で議員から「そんな資料はもらっていない」などの苦情を受けた際に対応する根拠にもなります。

令和○年 6 月 20 日

国の幼児教育・保育の無償化に関する本市への影響について

1　本制度の内容は？

（1）保育料・利用料

種　類	3〜5歳	0〜2歳 （非課税世帯）	担当課
幼稚園（新制度移行済）	無　償	—	学務課
幼稚園（新制度未移行）	月 2.57 万円まで	—	学務課
認定こども園	無　償	無　償	学務課
認可保育所	無　償	無　償	保育課
認可外保育施設等	月 3.7 万円まで	月 4.2 万円まで	保育課
障害児発達支援（就学前）	無　償	無　償	障害福祉課

（2）給食費

（略）

> 何が課題なのかが明確になれば、住民にも議員にも説明できる

2　本制度に伴う本市の課題は何か？

本市の課題としては、以下の点が指摘できる

（1）認可外保育施設等の保護者負担額

本制度では、利用料が 3〜5 歳は月額 3.7 万円まで、0〜2 歳までの住民税非課税世帯は月額 4.2 万円までの場合、無償となる。しかし、現在、本市独自の制度により一部補助を行っていることから、一部の世帯で保護者負担額が上昇する。

（2）副食費の扱い

これまで保育園における副食費は保育料に含まれていたが、本制度では新たに国では実費徴収するとされた。このため、本制度を実施した場合、新たに保護者負担が発生することとなる。（幼稚園については、これまでも実費徴収となっており変更はない）。

> 住民への影響は大事な視点

3　市では新たな保護者負担が発生しないよう対応するのか？

現在、上記の対応等について検討中

> 現段階でわからないことはそのまま表記する

4　新たな保護者負担が発生しないためには、予算がどの程度必要か？

対応を検討する中で今後試算するため、現在は不明

● 著者紹介

秋田 将人 （あきたまさと・筆名）

基礎自治体の管理職。
これまで保育、防災、教育、福祉事務所などの現場から、
人事、企画、財政、議会などの内部管理部門まで幅広く
勤務。専門誌への投稿や研修講師なども行う。
著書に『残業ゼロで結果を出す　公務員の仕事のルール』
『ストレスゼロで成果を上げる　公務員の係長のルール』
『見やすい！ 伝わる！ 公務員の文書・資料のつくり方』
『これでうまくいく！ 自治体の住民説明会の進め方』（い
ずれも学陽書房）がある。

そのまま使える!
公務員の文書・資料サンプルBOOK

2020 年 7 月 27 日　初版発行
2022 年 2 月 18 日　3 刷発行

著　者　秋田将人
　　　　あきたまさと
発行者　佐久間重嘉
発行所　学陽書房
　　　　〒 102-0072　東京都千代田区飯田橋 1-9-3
　　　　営業部 / 電話　03-3261-1111　FAX　03-5211-3300
　　　　編集部 / 電話　03-3261-1112
　　　　http//www.gakuyo.co.jp/

写真提供 / 株式会社ニード（p.133）
ブックデザイン・DTP 製作 / 佐藤 博
印刷・製本 / 三省堂印刷

簡潔・明快・正確に書くコツがわかる！
公務員必携のロングセラー！

すべての公務員にとって必須のスキルである文書・資料作成の基礎・基本をわかりやすく解説。「上司に判断を求める」「状況・経過を報告する」「首長・議員に説明する」など、具体的な場面で使える1冊。

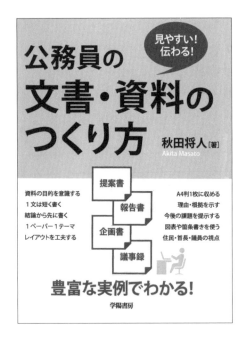

見やすい! 伝わる!
公務員の文書・資料のつくり方

秋田将人［著］

Ａ５判並製／定価＝本体1,800円＋税